"Mary Jo Clouse no se avergüenza del evangelio de Jesucristo. Siempre que uno se encuentre con ella, su amor por Jesucristo simplemente se desparrama. Ella es una apasionada de la libertad y la esperanza, y se regocija cuando la verdad de Dios gobierna en las vidas de su pueblo.

Sin embargo, se siente preocupada e intranquila siempre que es testigo del modo en que un hijo de Dios se da por satisfecho con algo menos que la liberación total del poder del enemigo en todas las áreas de la vida. En ocasiones como esta, se podrá ver un tipo de pasión muy distinto, porque ella está convencida de que tener el Espíritu de Dios viviendo dentro de nosotros significa que no tenemos por qué vivir vidas desperdiciadas: esclavas del pecado, el remordimiento, el dolor y la falta de perdón.

Muchas veces la he visto buscar al individuo que parece estar batallando, para orar con poder por la liberación de él o ella. Admiro mucho a Mary Jo. Veo en ella una mujer que está completamente persuadida de que no hay ninguna situación que la verdad de Dios no pueda transformar y ninguna vida que el amor de Él no pueda redimir.

Aquí hay sabiduría: práctica y profunda. El mensaje de Mary Jo merece que le prestemos nuestra atención. Si te acercas a este libro con oración y con un corazón abierto, puedes esperar ser cambiado."

—BRENDA J. DAVIS
Editora de la revista *SpiritLed Woman*

"Mary Jo Clouse es una poderosa ministra en la liberación con el amor de Cristo. En Finlandia hemos visto a muchas personas sufrir enfermedades, posesión demoníaca y maldiciones generacionales y ser sanadas y liberadas por medio de su ministerio. Recomiendo con entusiasmo que Mary Jo y su mensaje en este libro sean recibidos para ministrar al Cuerpo de Cristo en todo el mundo."

—REV. GLORY BACKMAN
Fundadora y presidente de Global Power Evangelism

Sé LIBRE

Mary Jo Clouse

PUBLICACIONES
CASA
A STRANG COMPANY

Sé libre por Mary Jo Clouse
Publicado por Publicaciones Casa
Una compañía de Strang Communications
600 Rinehart Road
Lake Mary, Florida 32746
www.casacreacion.com

A menos que se indique lo contrario, todos los textos bíblicos
han sido tomados de la versión Reina-Valera, de la *Santa Biblia*,
revisión 1960. Usado con permiso.

Este libro fue publicado originalmente en inglés bajo el título:
Getting Free Copyright © 2001 por Mary Jo Clouse
Publicado por Creation House Press, Lake Mary, Fl. 32746

Traducido por: *Belmonte Traductores*

Diseño interior por: *Grupo Nivel Uno, Inc.*

Library of Congress Control Number: 2005928538

ISBN: 1-59185-828-3

Impreso en los Estados Unidos de América

05 06 07 08 ❖ 8 7 6 5 4 3 2 1

RECONOCIMIENTOS

Este libro fue producido debido al aliento de Joy Strang, directora financiera de Strang Communications, al igual que el ánimo de mis muchos amigos y compañeros de trabajo en las revistas *Charisma* y *SpiritLed Women*. Ellos han sido una verdadera bendición en mi vida, y estoy eternamente agradecida por cada uno de ellos.

También me gustaría dar reconocimiento a mis cuatro hermosos nietos: Kaycee, Trent, Evan e Ian Pope. Los tuve a ellos en mi mente a la vez que seguía las instrucciones de Dios de romper maldiciones generacionales en mí y en mis descendientes, de modo que ellos no tengan que tratar con problemas generacionales. Que las bendiciones de Dios Todopoderoso reposen sobre ellos, al igual que sobre futuras generaciones.

Igualmente quisiera dar las gracias y reconocer a una iglesia en Van Buren, Arkansas, 43 Assembly of God, pastoreada por Randy Craig. El pastor, al igual que toda la congregación, ha sido de mucho aliento para mí durante el proceso de llegar a la publicación de este libro. Que el favor de Dios brille en esa parte del Cuerpo de Cristo y que su bendición continúe derramándose sobre ellos.

ÍNDICE

PRÓLOGO

por STEPHEN STRANG

La Biblia dice que no luchamos contra carne y sangre, sino contra principados y potestades. Sin embargo, la mayoría de los cristianos son inconscientes de esos principados y potestades o de lo que hacer en cuanto a ellos.

Esa es la razón por la que un libro como este es importante. Mary Jo Clouse es una persona que ha estudiado la Palabra de Dios para aprender los principios sobre la liberación y ha ministrado con éxito en esta área por muchos años.

Yo, personalmente, conozco a Mary Jo y a su esposo, George, desde 1973. Cada uno de ellos ha causado un gran impacto en mí y en mi familia. Durante cierto número de años mi esposa Joy y yo estuvimos en el grupo de hogar de ellos, y hemos seguido siendo buenos amigos desde entonces. Desde 1991, Mary Jo ha servido como parte de nuestro personal en Strang Communications. Cuando realizamos conferencias cada año, ella es también una parte importante de nuestro equipo ministerial, principalmente en el área de la oración y la liberación. A lo largo de los años se ha convertido en una popular conferencista en los talleres de la conferencia anual de mujeres Charisma.

Por eso, al respaldar el ministerio de Mary Jo, lo hago con la confianza de que ella es una mujer de Dios que comprende este importante asunto y cuyo ministerio ha soportado la prueba del tiempo. El área de la liberación es muy importante, pero no se comprende fácilmente. Si uno comienza una conversación sobre confrontar demonios, algunas personas levantarán sus ojos diciendo que te has arriesgado demasiado; algunos te acusarán de buscar demonios detrás de cada esquina; otros te dirán cómo quedaron asustados por una experiencia horrible cuando, estando desesperados por encontrar respuestas, se sometieron al ministerio de liberación solamente para que otras personas los animaran a "vomitar" demonios y hacer todo tipo de cosas extrañas durante una dura y agotadora sesión de "liberación". Otros dirán que ellos son expertos en el campo de la liberación. Algunos cristianos creen que elevar el nivel de decibelios de sus oraciones expulsará a más demonios; tienen un gran deseo de gritar al enemigo, pero carecen de un entendimiento de la autoridad espiritual; puede que se pasen el día gritando a los demonios sin obtener ningún resultado.

He visto y he oído muchas cosas en el área de la liberación. Aunque sé que la liberación a veces se maneja de mala manera, o incluso con arrogancia, sí que creo que hay un aspecto de guerra espiritual para afrontar muchos problemas humanos. Pablo claramente declara:

> "Porque las armas de nuestra milicia no son carnales, sino poderosas en Dios para la destrucción de fortalezas, derribando argumentos y toda altivez que se levanta contra el conocimiento de Dios, y llevando cautivo todo pensamiento a la obediencia a Cristo".
>
> —2 Corintios 10:4–5

Hay cristianos que no quieren creer que pueden tener problemas demoníacos. Yo creo, personalmente, que un problema que no se vaya después de haber hecho oración, confesión positiva, ayuno, una fuerte determinación o de haber recibido tratamiento médico debe de tener una base demoníaca que hay que tratar espiritualmente. Los problemas difíciles de tratar, como la ira, la adicción a las drogas, o hasta las adicciones sexuales o el alcoholismo, están, creo yo, arraigados en otros problemas. Puede que haya fortalezas en la mente y el alma que deben ser tratadas, al igual que debe serlo el hábito o comportamiento pecaminoso que se esté viviendo. Permíteme declarar un importante descargo. Algunos comportamientos muy extraños están causados por enfermedades médicas que pueden tratarse con medicinas, y yo creo que debería consultarse a un médico para descartar este medio como una posible cura. Si el problema continúa, entonces puede que sea de naturaleza espiritual, y la liberación puede ayudar.

Algunas personas no están de acuerdo en este asunto, pues sienten que la liberación no es algo central del evangelio o que es un ministerio que finalizó en los tiempos bíblicos. Pero si consideramos el ministerio de Jesús, el tema de la liberación es inevitable; uno se encuentra con ello casi en cada página de los Evangelios. Una y otra vez, Jesús confrontó demonios y liberó a personas, y Él también enseñó a sus discípulos a hacer lo mismo.

Yo creo firmemente que el ministerio de Él es el mismo ahora que el que fue entonces: salvar, sanar, liberar y predicar el evangelio del Reino. Y Jesús dijo que echar fuera demonios en su nombre sería una de las señales que seguirían a aquellos que creemos (ver Marcos 16:17).

¿Quieres ser libre de eso que no te deja ser la persona que sabes que Dios quiere que seas? ¿Tienes hambre de más de Dios? Entonces permite que su obra de liberación tenga lugar en tu vida. Dios realmente quiere encontrarse contigo cara a cara en un glorioso encuentro de poder. Él saciará tu sed interior y quitará cualquier barrera para una relación íntima con Él. Su poder romperá cualquier atadura o impedimento que no te dejen alcanzar tu destino en Cristo.

—STEPHEN STRANG,
Editor General de la revista *Charisma*

PREFACIO

Palabras de una doctora en medicina
por MARGARET CHANG, M.D.

En 1998 asistí por primera vez a la conferencia de mujeres Charisma. No hacía mucho que había vuelto a dedicar mi vida al Señor y tenía hambre de oír más sobre Dios, así que asistí a esa conferencia. Escogí un taller titulado: "Ser libre de las maldiciones generacionales" que daba Mary Jo Clouse. Resultó ser toda una sorpresa. Yo había sido criada en una iglesia denominacional y había sido salva veinte años atrás, pero nunca había visto un milagro real en directo.

Cuando entré al taller sentí algo diferente. Cerca del final de la enseñanza, la cual en sí misma era diferente de cualquier cosa que yo hubiera escuchado antes, comenzaron a ocurrir cosas que yo nunca había visto. En toda la sala había mujeres siendo sanadas de problemas de espalda, muchas de ellas incluso antes de que nadie orase por ellas o les impusieran las manos. Yo escuchaba con asombro cómo huesos en la columna vertebral volvían a situarse en su lugar. Mujeres que habían estado paralizadas y con mucho dolor por años debido a la enfermedad y a las operaciones comenzaron primero a ponerse derechas, y después a doblarse y tocarse los dedos de los pies (una hazaña imposible solo treinta minutos antes). ¡Qué tiempo tan emocionante!

Mi primer pensamiento fue: Si pudiera ocurrirle esto a mis pacientes... Al ser médico de familia, cada día veo a incontables pacientes que tienen problemas de espalda. Incluso después de una fuerte medicación, terapia física, inyecciones de esteroides o hasta una operación importante, el problema permanece. Rara vez había visto una sanidad completa y, sin embargo, eso era lo que estaba sucediendo allí. ¡Qué milagro!

De inmediato me vino a la mente el pasaje de Jeremías 8:11: "Y curaron la herida de la hija de mi pueblo con liviandad". En el margen de mi Biblia la frase "con liviandad" también está traducida como "superficialmente". Muchas veces yo obtengo una ligera recuperación en mis dolientes pacientes, y anhelaba profundamente verlos totalmente sanos.

Me apiñé junto con las otras mujeres más cerca cuando Mary Jo comenzó a imponer las manos sobre ellas y a ordenar que fuesen sanas en el nombre de Jesús. Para apaciguar mi mente intelectual, yo casi apartaba a algunas de las mujeres porque quería ver todo de cerca y con mis propios ojos. Incluso ella llegó a orar por mí, y entonces yo caí y descansé en el Espíritu para que el Señor me refrescara y renovara. Desde aquel día las dos nos hemos hecho buenas amigas, y ella ha profetizado varias veces sobre mí. Ella cree junto conmigo para ver un poderoso ministerio con ambos componentes, el médico y el espiritual, completamente unidos para llevar la sanidad total de Dios a cada uno de los pacientes. ¡Gloria a Dios!

PRIMERA PARTE

REVELACIÓN DE MALDICIONES

Revelación de maldiciones generacionales

Tres de mis hermanos tuvieron muertes prematuras, pero yo no esperaba tener ninguno de sus problemas de salud; después de todo, mi esposo y yo éramos salvos y estábamos de camino al cielo. ¿Acaso no era eso lo necesario para vivir una vida con salud?

Sin embargo, después de que mis dos primeros hermanos partiesen con el Señor, yo comencé a tener desequilibrios en el azúcar de mi sangre e irregularidades de corazón. Esos problemas eran demasiado familiares para mí, ya que mi hermana Evelyn murió debido a complicaciones de la diabetes en la sangre a la edad de cuarenta y ocho años, y mi hermano John David murió de un ataque al corazón a la edad de cuarenta y cuatro años. (Más tarde mi hermano Carl falleció a la edad de cincuenta y ocho años, también de un ataque al corazón.)

Comencé a preguntarme qué estaba sucediendo. Yo leía la Biblia entera cada año, enseñaba una clase de escuela dominical en mi iglesia, y compartía mi fe en cada oportunidad que tenía. Pasaba mucho tiempo en oración, leía libros acerca del perdón y, en general, intentaba vivir una vida de santidad. Realmente sentía que estaba siguiendo las instrucciones de Dios para una vida sana.

Inmediatamente acudí al Señor para recibir sanidad, y Él me liberó de esos ataques del enemigo, pero yo no podía comprender por qué había estado sujeta a ellos en un principio. Dios me llevó a Deuteronomio 28 y allí encontré mi respuesta: yo estaba bajo una maldición. Aquella fue la primera vez que comprendí la existencia de maldiciones generacionales, y esa revelación abrió la puerta a las verdades que leerás en estas páginas.

Debido a esa maldición, yo estaba siendo atacada por un espíritu familiar de enfermedad. Pero necesitaba aprender de qué modo el enemigo encontró una puerta abierta para poder operar en mi vida y en mi cuerpo, pues Proverbios 26:2 dice: "Como el gorrión en su vagar, y como la golondrina en su vuelo, así la maldición nunca vendrá sin causa". Una maldición no se produce sin más ni más: debe tener una causa. ¿Cuál era la causa? De nuevo, Deuteronomio 28:15 tenía la respuesta:

"Pero acontecerá, si no oyeres la voz de Jehová tu Dios, para procurar cumplir todos sus mandamientos y sus estatutos que yo te intimo hoy, que vendrán sobre ti todas estas maldiciones, y te alcanzarán".

Siempre que una maldición está operando en la vida de una persona, hay una raíz de pecado. Mi siguiente pensamiento fue encontrar el pecado en mi vida, aunque yo sentía que personalmente estaba caminando en obediencia. Sin embargo, Proverbios 26:2 me decía que "la maldición nunca vendrá sin causa".

Mediante el estudio de la Palabra, aprendí que las consecuencias de los pecados de los padres visitan a los hijos "hasta la tercera y cuarta generación" (Éxodo 20:5). Al igual que puedes tener un historial familiar de enfermedades físicas tales como enfermedades del corazón, presión arterial alta, diabetes, etc., puedes tener también un historial familiar de ataques espirituales que son el resultado de los pecados de tus antepasados.

La muerte prematura es una extensión de una maldición. Yo creo que mis dos hermanos y mi hermana sucumbieron demasiado pronto debido a la participación de mis abuelos en la masonería, una sociedad secreta que fomenta prácticas contrarias a la Palabra de Dios. Después de que murieran mis dos primeros hermanos, yo también me enfrenté a la muerte prematura, y hasta llegué a experimentar un ataque al corazón: el resultado de una maldición generacional que seguía operativa. Al estudiar la Palabra de Dios, aprendí que yo tenía que emprender la acción para romper esa maldición generacional.

Poco después de que Carl, el hermano que me quedaba, muriera (diez años después de que John David falleciera), yo tenía que hacerme mi chequeo físico anual. Para sorpresa de mi médico, mi electrocardiograma era normal; anteriores pruebas indicaban la presencia de tejido dañado a causa del ataque al corazón.

Cuando hube reconocido la causa de la maldición, pude ser libre de sus efectos. ¡El diablo ya no podía seguir transmitiendo enfermedad por medio de mi línea de sangre! Ahora camino en la bendición de una salud divina.

A medida que Dios me mostró mi problema y yo continué estudiando su Palabra, aprendí una multitud de hechos sobre las maldiciones generacionales y los demonios que están asociados a ellas. Aprendí:

- las fuentes de las maldiciones generacionales
- tipos de espíritus familiares
- cómo identificar una maldición generacional en una vida
- cómo detener una maldición contra ti y tus descendientes

- cómo comenzar una bendición para ti y tus descendientes
- cómo saber cuándo el perdón es la clave de la prosperidad y la sanidad
- cómo usar el nombre de Jesús
- el bautismo de fuego

En el pasado, muchos de nosotros creíamos que cuando fuimos salvos todos nuestros problemas terminarían. Nada más lejos de la verdad. Eso solamente nos marca el comienzo. La salvación nos da la revelación de cómo continuar siendo libres. Observarás que el título de este libro es *Sé libre*, y utilizo el tiempo verbal con el sentido de que siento que continuamente nos movemos hacia la libertad total que Dios quiere para nosotros.

Ahora veamos qué es lo que permite que una maldición opere o tenga efecto en nuestras vidas.

ABRIR LA PUERTA A UNA MALDICIÓN

Es importante comprender que los demonios no pueden entrar a voluntad; deben tener un derecho legal o una puerta de oportunidad. Por lo tanto, nadie puede poner una maldición sobre ti a menos que haya una abertura en tu vida. Cuando se han cumplido las condiciones de Dios, ningún demonio tiene derecho a quedarse. Pero consideremos algunos puntos básicos que Dios ha revelado en su Palabra.

Hay tres palabras que la gente utiliza de modo intercambiable, pero cada una de ellas significa una cosa muy concreta. En primer lugar, está el pecado, que significa "no dar en el blanco o no alcanzar la meta a la cual Dios te ha llamado como individuo". En segundo lugar, está la transgresión, que significa "traspasar o exceder fronteras preestablecidas"; un ejemplo es violar la señal que indica "prohibido el paso" entrando en una propiedad sin permiso.

La tercera palabra es iniquidad, que significa "inclinar o distorsionar el corazón, cierta debilidad o predisposición hacia cierto pecado". Si un pecado se comete repetidamente, se convierte en una iniquidad que puede ser transmitida por medio de la línea de sangre. Cuando una persona continuamente infringe la ley, se crea iniquidad en ella, y esa iniquidad es transmitida a los niños. La iniquidad puede definirse como "defectuoso, perverso, injusto, malo moralmente, inclinado, doblado, etc.". La iniquidad es una inclinación o impulso innato a ir hacia cierta dirección o transitar un sendero en particular. Una iniquidad puede ser considerada una maldición generacional.

La naturaleza de las iniquidades

Proverbios 26:2 dice: "La maldición nunca vendrá sin causa".

Hay ciertos pájaros que anidan en Alaska e invernan en América Central. Ellos no tienen mapa, pero regresan cada año a los lugares donde anidan en Alaska, dirigidos por un sistema de guía innato, al igual que una iniquidad innata nos guía a hacer ciertas cosas que nosotros no perseguimos intencionalmente.

Hay otra ave que construye un nido colgante en una de las islas situada más al este. Los científicos han tomado algunos de sus huevos y los han llevado a América para incubarlos en incubadoras; aun así, cuando las aves crecen construyen nidos que son idénticos a los nidos colgantes de sus padres, aunque nunca los hayan visto. ¿Por qué? Poseen un impulso innato.

La iniquidad es una maldición generacional porque nos predispone al pecado y, por tanto, da a Satanás la capacidad de acosarnos. Una iniquidad innata muchas veces permanece oculta hasta que las circunstancias de la vida la hacen salir a la luz. Es como una falla en la corteza terrestre. Una falla es una grieta o imperfección oculta que en momentos de presión causa grandes dificultades.

Cuando se produce un terremoto, la situación de la falla se hace visible para todos. David escribió: "Líbrame de [los errores] que me son ocultos" (Salmo 19:12-14).

La cura de la iniquidad

El Antiguo Testamento nos proporciona una pauta para detener la iniquidad mediante las instrucciones de Dios para hacer expiación.

En el día de la expiación, Aarón tenía que sacrificar un becerro y dos machos cabríos. El becerro era una ofrenda por el pecado para sí mismo y para su casa.

Uno de los machos cabríos era sacrificado como ofrenda por el pecado del pueblo. Sin embargo, no se daba muerte al segundo macho cabrío; en lugar de eso, Aarón tenía instrucciones: "y pondrá Aarón sus dos manos sobre la cabeza del macho cabrío vivo, y confesará sobre él todas las iniquidades de los hijos de Israel, todas sus rebeliones y todos sus pecados, poniéndolos así sobre la cabeza del macho cabrío, y lo enviará al desierto". Ese era el chivo expiatorio, y de ahí viene la palabra: uno que lleva la culpa.

"Ciertamente llevó él nuestras enfermedades, y sufrió nuestros dolores; y nosotros le tuvimos por azotado, por herido de Dios y abatido. Mas él herido fue por nuestras rebeliones, molido por nuestros pecados; el castigo de nuestra paz fue sobre él, y por su llaga fuimos nosotros curados. Todos nosotros nos descarriamos como ovejas, cada cual se apartó por su camino; mas Jehová cargó en él el pecado de todos nosotros. Angustiado él, y afligido, no abrió su boca; como cordero fue llevado al matadero; y como oveja delante de sus trasquiladores, enmudeció, y no abrió su boca. Por cárcel y por juicio fue quitado; y su generación, ¿quién la contará? Porque fue cortado de la tierra de

los vivientes, y por la rebelión de mi pueblo fue herido. Y se dispuso con los impíos su sepultura, mas con los ricos fue en su muerte; aunque nunca hizo maldad, ni hubo engaño en su boca. Con todo eso, Jehová quiso quebrantarlo... vivirá por largos días, y la voluntad de Jehová será en su mano prosperada. Verá el fruto de la aflicción de su alma, y quedará satisfecho; por su conocimiento justificará mi siervo justo a muchos, y llevará las iniquidades de ellos."
—ISAÍAS 53:4–11

Jesús cumplió todas las pautas utilizadas en el día de la expiación, según Isaías 53. En primer lugar, su sangre fue vertida y limpió a los sacerdotes y sus familias. Los cristianos hoy son como los sacerdotes del Antiguo Testamento; aunque necesitan expiación por el pecado, no practican el pecado de modo intencionado. En segundo lugar, su sangre fue vertida por el pueblo, de modo que los pecadores pudieran también ser salvos ya que limpió sus transgresiones y pecados. En tercer lugar, Él fue el chivo expiatorio porque se llevó muy lejos toda iniquidad, transgresión y pecado, al fondo del mar del olvido.

Ahora que hemos establecido la pauta que Dios muestra en el Antiguo Testamento, apliquémosla al presente y veamos qué es lo que debemos hacer. A Aarón se le dijo que confesara las iniquidades sobre la cabeza del macho cabrío vivo (que era el chivo expiatorio) y que enviara lejos al macho cabrío y las iniquidades. Jesús murió en la cruz por cada uno de nosotros y, por tanto, Él es el Chivo expiatorio. ¿Cómo ponemos nuestras iniquidades sobre el Chivo expiatorio? Las confesamos, y Jesús se las lleva (ver Levítico 16:22; Isaías 53:6).

Para comenzar, ¿qué hicimos para ser salvos? Reconocimos nuestra necesidad de un Salvador, confesamos a Jesús como Señor, creímos en nuestro corazón que Él fue resucitado de la muerte, y entonces fuimos salvos (Romanos 10:8-9). ¿Cómo somos librados de nuestras iniquidades? De manera muy similar. El primer paso necesario es reconocer el hecho de que tenemos iniquidades en nuestras vidas por medio de la confesión. Después debemos quitar la causa (para que no regresen cuando nos hayamos librado de ellas); y luego hacer una oración de liberación para que Jesús pueda llevárselas y enterrarlas en el mar del olvido.

Después de que aprendí la naturaleza de la iniquidad, pude ver que esa era la fuente de mis problemas. Tan pronto como comprendí eso, comencé la búsqueda para ver dónde había entrado la iniquidad en mi vida. Al descubrir pecados en las vidas de mis antepasados, los confesé, pidiendo a Dios que perdonase y olvidase. Comencé a romper esos círculos que habían estado entrando, generación a generación, y renuncié a cualquier participación que cualquiera de mis antepasados pudiera haber tenido, al igual que a cualquier participación en la que yo pudiera haber estado enredada. Levítico 16:21 dice: "y todos sus pecados", y yo sin ninguna duda no quería dejarme ninguno de ellos. Después de haberlos confesado y renunciado a ellos, oré que Dios me liberase.

LÍNEAS DE SANGRE ESPIRITUALES

Comprendí dónde se originaron mis problemas de corazón y de azúcar en la sangre, pero tardé varios años hasta reconocer el origen de un problema que sucedió poco tiempo después de que me casara. Unos dos años después de casarnos, me tuvieron que hacer una histerectomía. El médico me advirtió de que podría tener cáncer, y aunque nos habíamos preparado para lo peor, seguimos orando por lo mejor, pues en aquel tiempo éramos cristianos recientes. La operación fue un éxito, y las pruebas que me realizaron después demostraban que no había células cancerosas en mi cuerpo.

Una cosa en la que pensamos después fue: ¿por qué había signos de cáncer? No había habido cáncer en mi línea de sangre.

Entonces, de repente comprendimos la horrible verdad: la mamá de mi esposo había muerto de cáncer cuando él tenía solo ocho años de edad. Las iniquidades de su generación seguían la línea de sangre. ¿Cómo puede ser eso? En primer lugar, permíteme responder hablando un poco del pacto matrimonial.

Cuando un hombre y una mujer se unen, es un pacto. Nuestro Padre Dios lo planeó de esa manera y nos dijo en Génesis que así sería. Un hombre y una mujer son uno, según Dios. Tú pensarías que una mitad y otra mitad forman un todo completo, según nos han enseñado en clase de matemáticas. Eso no es cierto cuando se trata del matrimonio. Una mitad de un hombre y una mitad de una mujer no forman un todo; forman una mitad, con muchos problemas.

Cuando mi esposo y yo nos casamos, no éramos salvos; por tanto, estábamos unidos en cuerpo y alma, pero no en espíritu (porque nuestros espíritus no habían nacido de nuevo). Debido a eso, cuando consumamos nuestro matrimonio nuestras maldiciones generacionales pasaron de él a mí y de mí a él.

Ya que en aquel tiempo no sabíamos nada sobre maldiciones generacionales, las fuerzas demoníacas tenían un camino de entrada en las vidas de los dos. Él me transmitió a mí su maldición generacional del cáncer, y yo le traspasé a él mi maldición generacional de los problemas de corazón. (Tiempo después él tuvo un problema de corazón y reprendimos al diablo, y él se deshizo de esa maldición.)

A medida que fuimos madurando como cristianos y recibimos la revelación sobre las maldiciones generacionales, cada uno de nosotros nos arrepentimos de traspasarnos cosas el uno al otro. Volvimos a dedicar nuestras vidas el uno al otro, esta vez en espíritu, alma y cuerpo. Aunque nos amábamos profundamente el uno al otro y tuvimos un estupendo matrimonio los dos primeros años, estábamos casados solamente dos terceras partes. Ahora estamos totalmente completos en todas las cosas. ¡Gloria a Dios!

Llevamos casados más de treinta años, y aún seguimos descubriendo facetas del matrimonio que no conocíamos. Uno de nuestros problemas tenía que ver con la sumisión. Por muchos años intentamos encajar en un molde tal como otras personas nos decían, pero parecía que no podíamos justificar cada una de las situaciones. Entonces un día Dios nos reveló que sumisión significa realmente: ¡"situarse bajo la protección de"! Para mí no supone ningún problema esa definición. Creo que Dios hizo al hombre para ser el protector y a la mujer para disfrutar de esa protección. Actualmente en Norteamérica hemos dado tanto énfasis a la igualdad de derechos de las mujeres, que una mujer rara vez puede someterse a la protección de un hombre.

Es mi oración que también tú hayas recibido la revelación de las maldiciones generacionales. Es extremadamente difícil deshacerse de cualquier cosa acerca de la cual no tengas una revelación. Yo siempre digo que "puedes tener cualquier cosa que creas que es voluntad de Dios para ti que tengas, ¡o puedes librarte de cualquier cosa que creas que es voluntad de Dios para ti que te libres de ella!". Por tanto, haz que tu revelación siga adelante y opera en fe para que también tu creencia se ponga en movimiento.

Ahora que eres consciente de las maldiciones generacionales, veamos cómo podemos comprobar si una maldición generacional está operando en tu vida.

SEÑALES DE UNA MALDICIÓN GENERACIONAL

2

Una amplia variedad de enfermedades pueden indicar que podría haber una maldición operando en tu vida. Voy a enumerar siete de las enfermedades más comunes, al igual que las palabras que la gente pronuncia en esas circunstancias. A medida que leas estas descripciones, revisa tu vida y comprueba si la pauta encaja.

1. *Colapso metal o emocional.*
   "¡Me está volviendo loco!".
   "Simplemente no puedo soportar más".
   "Me pone furioso pensar...".

2. **Enfermedades repetitivas o crónicas, en especial si las enfermedades son hereditarias o no tienen un claro diagnóstico médico.**
   "Siempre que hay un virus, yo lo agarro".
   "Me siento enfermo y cansado...".
   "Está en la familia, así que supongo que soy el siguiente en la lista".

Hay ciertos espíritus familiares de enfermedad que pasan de generación en generación y causan numerosos problemas. Un ejemplo de un espíritu de enfermedad se describe en Lucas 13:11-13: "Y había allí una mujer que desde hacía dieciocho años tenía espíritu de enfermedad, y andaba encorvada, y en ninguna manera se podía enderezar".

3. *Abortos naturales repetitivos, problemas femeninos relacionados o esterilidad.*
   "¡Creo que nunca me quedaré embarazada!".
   "Tengo otra vez 'la maldición'".
   "Simplemente sé que voy a perder a este; ¡siempre sucede lo mismo!".

4. *Carencia económica continua, en especial cuando los ingresos parecen ser suficientes.*
   "Nunca puedo llegar a fin de mes; a mi papá le sucedía lo mismo".
   "No puedo permitirme dar el diezmo".
   "Odio a esos 'peces gordos' que obtienen todo lo que pueden desear; eso nunca me ocurre a mí".

5. *Ruptura del matrimonio y separación de la familia.*
   "Quien me leyó la mano me dijo que mi esposo me iba a abandonar".
   "De alguna manera, siempre supe que mi esposo encontraría a otra mujer".
   "En nuestra familia siempre nos hemos peleado como el perro y el gato".

6. *Ser propenso a tener accidentes.*
   "¡Siempre me ocurre a mí!".
   "Sabía que me esperaban problemas...".
   "Simplemente soy un tipo de persona torpe".

7. ***Un historial de suicidios o muertes no naturales en la familia.***
   "¿De qué sirve vivir?".
   "Por encima de mi cadáver".
   "Prefiero morir que seguir del modo en que estoy".

Estas son algunas indicaciones secundarias de una maldición.

1. Problemas para dormir
2. Pesadillas
3. Dolores de cabeza
4. Alcoholismo generacional
5. Depresión
6. Una multitud de accidentes
7. Fatiga que no tiene explicación
8. Pensamientos de suicidio
9. Lapsos de memoria
10. Dificultad para respirar
11. Arrebatos de ira
12. Palpitaciones de corazón
13. Muerte prematura (en especial que se produce en uno de los géneros de la familia)

Muchas veces cuando está en operación una maldición generacional, uno llega a cierto pináculo de éxito en su vida y después parece desaparecer. Uno comienza de nuevo una y otra vez, pero siempre las cosas van mal. A menudo se tiene un sentimiento de frustración y parece que nunca se llega a tener éxito en cualquier cosa que se intente hacer.

¿Puedes ver dónde podrían estar trabajando algunas maldiciones en tu vida? El primer paso para ocasionar un cambio es reconocer que algo va mal en tu vida. Nunca serás libre a menos que reconozcas la necesidad de ser libre. El paso siguiente es tomar la decisión de realizar el cambio necesario. Dios es tan bueno que Él nos da el poder de realizar el cambio, pero Él demanda que seamos nosotros quienes tomemos la decisión.

Condiciones para las bendiciones

Hay tres maneras en las que un espíritu o maldición pueden amarrarse a ti. La primera es la maldición pronunciada. Una palabra de maldición llega a nuestras vidas mediante las palabras que se pronuncian, ya sean por nosotros mismos o por alguna otra persona. La segunda manera en que una maldición puede llegar a nosotros es mediante una "maldición del alma", y la tercera manera es mediante una iniquidad. Quiero hablar ahora de la iniquidad, y para hacerlo, tendremos que regresar a Deuteronomio 28 y leer las instrucciones que Dios dio a su pueblo por medio de Moisés cuando se preparaban para entrar a habitar en la tierra prometida.

En primer lugar, Dios describió las bendiciones que Él tenía preparadas para su pueblo (versículos 1-14). "Acontecerá que si oyeres atentamente la voz de Jehová tu Dios, para guardar y poner por obra todos sus mandamientos que yo te prescribo hoy, también Jehová tu Dios te exaltará sobre todas las naciones de la tierra. [Notemos que Dios quiere obediencia de su pueblo.]

Y vendrán sobre ti todas estas bendiciones, y te alcanzarán, si oyeres la voz de Jehová tu Dios. [Notemos de nuevo que Dios insiste en la obediencia]. Bendito serás tú en la ciudad, y bendito tú en el campo. Bendito el fruto de tu vientre [tu descendencia], el fruto de tu tierra [tu trabajo], el fruto de tus bestias, la cría de tus vacas y los rebaños de tus ovejas. [Esto significa que tus valores netos se incrementarán y prosperarás.]

Benditas serán tu canasta y tu artesa de amasar. Bendito serás en tu entrar, y bendito en tu salir. Jehová derrotará a tus enemigos que se levantaren contra ti; por un camino saldrán contra ti, y por siete caminos huirán de delante de ti. [Cuando Dios dice: "bendito", realmente quiere decir multiplicación. Él no es un Dios que añade; es un Dios que multiplica. Cuando somos benditos recibimos abundantemente mucho más de lo que hemos dado. ¡Vaya un concepto!]

Jehová te enviará su bendición sobre tus graneros, y sobre todo aquello en que pusieres tu mano; y te bendecirá en la tierra que

Jehová tu Dios te da. Te confirmará Jehová por pueblo santo suyo, como te lo ha jurado, cuando guardares los mandamientos de Jehová tu Dios, y anduvieres en sus caminos, [una vez más, notemos que Él promete las bendiciones si permanecemos en obediencia. Eso significa para nosotros hoy, sin duda, lo mismo que significaba para los hijos de Israel entonces] verán todos los pueblos de la tierra que el nombre de Jehová es invocado sobre ti, y te temerán. Y te hará Jehová sobreabundar en bienes, en el fruto de tu vientre, en el fruto de tu bestia, y en el fruto de tu tierra, en el país que Jehová juró a tus padres que te había de dar. Te abrirá Jehová su buen tesoro, el cielo, para enviar la lluvia a tu tierra en su tiempo, y para bendecir toda obra de tus manos. Y prestarás a muchas naciones, y tú no pedirás prestado. [Notemos que Él dice que bendecirá todo el trabajo de tus manos. Solamente esa bendición cambiará tu vida si eres capaz de agarrarte a ella y permanecer en obediencia a Él.]

Te pondrá Jehová por cabeza, y no por cola; y estarás encima solamente, y no estarás debajo, si obedecieres los mandamientos de Jehová tu Dios, que yo te ordeno hoy, para que los guardes y cumplas, y si no te apartares de todas las palabras que yo te mando hoy, ni a diestra ni a siniestra, para ir tras dioses ajenos y servirles".

CONDICIONES PARA LAS MALDICIONES

Ahora, al leer el resto de Deuteronomio 28, comenzando en el versículo 15, descubrimos qué maldiciones vienen sobre nosotros cuando no obedecemos la voz del Señor. Leamos unos versículos y veamos lo que Él quiere decir:

"Pero acontecerá, si no oyeres la voz de Jehová tu Dios, para procurar cumplir todos sus mandamientos y sus estatutos que yo te intimo hoy, que vendrán sobre ti todas estas maldiciones, y te alcanzarán. Maldito serás tú en la ciudad, y maldito en el campo. Maldita tu canasta, y tu artesa de amasar. Maldito el fruto de tu vientre, el fruto de tu tierra, la cría de tus vacas, y los rebaños de tus ovejas. Maldito serás en tu entrar, y maldito en tu salir. Y Jehová enviará contra ti la maldición, quebranto y asombro en todo cuanto pusieres mano e hicieres, hasta que seas destruido, y perezcas pronto a causa de la maldad de tus obras por las cuales me habrás dejado.

Jehová traerá sobre ti mortandad, hasta que te consuma de la tierra a la cual entras para tomar posesión de ella. Jehová te herirá de tisis, de fiebre, de inflamación y de ardor, con sequía, con calamidad repentina y con añublo; y te perseguirán hasta que perezcas".

—vv. 15–22

DURANTE GENERACIONES

El castigo de Dios para la desobediencia es firme. Sin embargo, hay veces, como sucede en mi vida, en que caminamos en obediencia y aun así experimentamos la maldición. A mí me costaba comprender esto hasta que leí Números 14:18: "Jehová, tardo para la ira y grande en misericordia, que perdona la iniquidad y la rebelión, aunque de ningún modo tendrá por inocente al culpable; que visita la maldad de los padres sobre los hijos hasta los terceros y hasta los cuartos". Como puedes ver, una maldición puede provenir de la desobediencia de tus antepasados.

Algunas personas me han preguntado: "Bueno, espera un momento. ¿Significa eso que yo tengo que sufrir por lo que sucedió cuatro generaciones atrás?". Lo que este versículo significa es que la iniquidad se traspasa hasta la tercera y cuarta generación, estando la maldición de la iniquidad sobre quienes desobedecieron. Entonces, si ellos no se arrepienten, ya que la iniquidad está sobre ellos, se traspasa hasta la cuarta generación, y generaciones siguientes, por muchos, muchos años.

Muchas personas me han dicho: "¡Pero eso no es justo! Maldiciones e iniquidad cayeron sobre mí debido a lo que hizo otra persona.

Ya tengo suficiente mal por mí mismo sin que tenga que sufrir también por lo que mis antepasados hicieron". Eso es cierto, pero tienes que mirar el lado positivo de eso. Lo único que tienes que hacer es arrepentirte de los pecados de tus antepasados, y Dios dijo en Deuteronomio 14:18 que Él perdonaría la iniquidad y la transgresión. Pero debemos arrepentirnos para obtener perdón. Se nos dice en 1 Juan 1:9: "Si confesamos nuestros pecados, él es fiel y justo para perdonar nuestros pecados, y limpiarnos de toda maldad". Él siempre perdonará nuestros propios pecados cuando los confesemos. De igual manera, Él perdonará los pecados de nuestros antepasados y cancelará los efectos que tengan sobre nosotros cuando confesemos sus pecados y pidamos perdón.

Hay otros aspectos positivos en el principio de las generaciones. Por ejemplo, 1 Crónicas 16:14-16 dice: "Jehová, él es nuestro Dios; sus juicios están en toda la tierra. El hace memoria de su pacto perpetuamente, y de la palabra que él mandó para mil generaciones; del pacto que concertó con Abraham". ¡Guau! Vaya promesa. La Palabra dice que las maldiciones son traspasadas hasta la tercera y cuarta generación, pero las bendiciones son traspasadas hasta mil generaciones. Me gusta ese tipo de promesa. Encontramos más ánimo en el Nuevo Testamento: "Para que en Cristo Jesús la bendición de Abraham alcanzase a los gentiles, a fin de que por la fe recibiésemos la promesa del Espíritu... Y si vosotros sois de Cristo, ciertamente linaje de Abraham sois, y herederos según la promesa" (Gálatas 3:14, 29). Eso nos dice que el pacto que Él hizo con Abraham en realidad está en efecto actualmente con cada uno de nosotros, afirmando que realmente estamos incluidos en la promesa de la bendición.

MALDICIONES ESPECÍFICAS

Debido a que los pactos de Dios con Abraham se aplican ahora a nosotros, debemos aprender más sobre las verdades de Deuteronomio 28. En los versículos 21 y 22 se nos dice que la desobediencia trae un espíritu de enfermedad con enfermedades de todo tipo. Mientras estemos atados por esta maldición que pudo habernos sido traspasada por medio de nuestros antepasados, habrá un espíritu familiar aferrado a nosotros.

Leamos más adelante, en el versículo 23: "Los cielos que están sobre tu cabeza serán de bronce, y la tierra que está debajo de ti, de hierro". Esto describe la vida de oración de gran parte de Norteamérica en la actualidad. Yo he oído a gente decir: "Cuando oro, parece que los cielos son de bronce y que todo rebota como si fuera 'metal que resuena y címbalo que retiñe'". ¿Por qué no son contestadas nuestras oraciones más rápidamente en la iglesia? Yo creo que se debe a que no hemos prestado atención a la advertencia de este versículo. Muchas de nuestras iglesias están operando en un liderazgo carnal en lugar de hacerlo en la verdadera unción de Dios. El toque de Dios debe estar sobre lo que esté sucediendo en la iglesia para que se produzca un cambio duradero. Cuando se produce el cambio, entonces llega el avivamiento y las bendiciones de Dios se derraman de forma maravillosa.

Siguiendo en los versículos 24-30, la lista de maldiciones continúa:

"Dará Jehová por lluvia a tu tierra polvo y ceniza; de los cielos descenderán sobre ti hasta que perezcas. Jehová te entregará derrotado delante de tus enemigos; por un camino saldrás contra ellos, y por siete caminos huirás delante de ellos; y serás vejado por todos los reinos de la tierra. Y tus cadáveres servirán de comida a toda ave del cielo y fiera de la tierra, y no habrá quien las espante.

Jehová te herirá con la úlcera de Egipto, con tumores, con sarna, y con comezón de que no puedas ser curado. Jehová te herirá con locura, ceguera y turbación de espíritu; palparás a mediodía como palpa el ciego en la oscuridad, y no serás prosperado en tus caminos; y no serás sino oprimido y robado todos los días, y no habrá quien te salve. Te desposarás con mujer, y otro varón dormirá con ella; edificarás casa, y no habitarás en ella; plantarás viña, y no la disfrutarás".

CONFUSIÓN

Una de las maldiciones enumeradas en el versículo 20, al igual que en el 28, es la confusión. Yo descubro, a medida que hablo con muchos cristianos cada año, que hay confusión en sus vidas. La confusión no viene de Dios. Si tú constantemente cambias de opinión acerca de lo que debes hacer o dónde debes ir, eso podría ser una señal de que hay una maldición operando en tu vida.

Recientemente estaba leyendo el libro de Santiago, y el Señor me señaló estos versículos: "Y si alguno de vosotros tiene falta de sabiduría, pídala a Dios, el cual da a todos abundantemente y sin reproche, y le será dada. Pero pida con fe, no dudando nada; porque el que duda es semejante a la onda del mar, que es arrastrada por el viento y echada de una parte a otra. No piense, pues, quien tal haga, que recibirá cosa alguna del Señor. El hombre de doble ánimo es inconstante en todos sus caminos" (Santiago 1:5-8).

Sigo la práctica de que cuando Dios me muestra algo, medito en ello. La Palabra dice que si dudamos, entonces nuestros pensamientos son inestables. Ser inestables afecta a nuestras almas, ya que la mente es parte del alma junto con nuestra voluntad y emociones. Por tanto, ser inestable podría convertir a alguien en una persona con un alma inestable. Créeme: eso causaría confusión. Una parte del alma estaría escuchando para oír hablar a Dios (y la otra parte del alma hablaría y nos convenceríamos de que no fue Dios quien habló). Esto causaría un gran engaño y confusión.

LOS INJUSTOS PROSPERAN

¿Te has quejado alguna vez del modo en que los pecadores en el mundo parecen prosperar más que nosotros los cristianos? Deuteronomio 28:43-44 enumera eso como una de las maldiciones:

"El extranjero que estará en medio de ti se elevará sobre ti muy alto, y tú descenderás muy abajo". El te prestará a ti, y tú no le prestarás a él; él será por cabeza, y tú serás por cola".

Inmediatamente después, Dios reitera la causa en el versículo 45:

"Y vendrán sobre ti todas estas maldiciones, y te perseguirán, y te alcanzarán hasta que perezcas; por cuanto no habrás atendido a la voz de Jehová tu Dios, para guardar sus mandamientos y sus estatutos, que él te mandó".

Dios no será burlado, y Él nos ha dado la solución a todos nuestros problemas en su Palabra. El problema está en nosotros: sencillamente no nos hemos tomado el tiempo de estudiar su Palabra con diligencia y descubrir exactamente por qué algunas de esas cosas vienen sobre nosotros.

INIQUIDADES EN MI FAMILIA

En obediencia a la Palabra de Dios, mi esposo y yo buscamos en nuestras vidas respuestas para nuestros problemas, incluyendo un importante problema en el área económica. Mi esposo creció en la pobreza durante la Gran Depresión de los años veinte y treinta. Como adulto, él siempre trabajó mucho, pero nunca parecía obtener mucho más allá de lo suficiente para poder vivir. Un dicho en su familia siempre había sido: "No tenemos dinero, pero seguimos teniendo nuestro orgullo y no aceptamos caridad". Si preguntas a alguno de ellos cómo le va, te dirá: "Bien, simplemente tenemos suficiente para comer".

Al estudiar acerca de las iniquidades, comprendimos que esos problemas económicos provenían de palabras de maldición. Las palabras son como contenedores, y salen de tu interior: "porque de la abundancia del corazón [nuestro interior] habla la boca" (Lucas 6:45). Cuando las palabras de tu corazón salen de tu boca, son espíritus; esos paquetes llegan a tu hogar, y cuando son abiertos, liberan bendiciones o maldiciones.

Deuteronomio 30:15, 19 dice:

"Mira, yo he puesto delante de ti hoy la vida y el bien, la muerte y el mal... escoge, pues, la vida...".

Tienes una elección: bendiciones o maldiciones.

Aquel día nosotros escogimos perdonar y arrepentirnos de todas las palabras de maldición que habían salido de las bocas de nuestros antepasados. Le pedimos a Dios que nos perdonara y que quitara todas las iniquidades que habían venido sobre nosotros debido a aquellos años de depresión cuando había una gran carencia en todo el país. Eso demostró ser uno de los mayores puntos de inflexión en nuestras vidas.

ESPÍRITUS FAMILIARES

Ahora consideremos los espíritus familiares. ¿Por qué son familiares? Esos espíritus son familiares a nuestra línea de sangre, o nuestra generación. Ellos nos siguen, generación tras generación, hasta que se sienten como en su hogar, o familiares, en su "casa".

Jesús enseñó:

"Cuando el espíritu inmundo sale del hombre, anda por lugares secos, buscando reposo, y no lo halla. Entonces dice: Volveré a mi casa de donde salí; y cuando llega, la halla desocupada, barrida y adornada".

—MATEO 12:43–44

La palabra casa que se utiliza en el griego puede interpretarse también como "generación". Por tanto, el espíritu regresa a la generación familiar de la que provino.

"Entonces va, y toma consigo otros siete espíritus peores que él, y entrados, moran allí; y el postrer estado de aquel hombre viene a ser peor que el primero. Así también acontecerá a esta mala generación."

—MATEO 12:45

El número de espíritus reunidos es significativo. Un espíritu reúne a otros siete espíritus para que vayan con él, y formar un total de ocho espíritus. El número ocho significa lo completo y, así, de modo natural el número ocho significa un nuevo comienzo. En otras palabras, el demonio reúne a otros siete para crear un nuevo comienzo que te destruirá. Yo creo también que cuando el espíritu malo consigue a otros espíritus más malvados que él, esos espíritus no son solamente más malvados sino también más fuertes. Cuanto más tiempo permanezca una iniquidad en una familia, peor se vuelve y más difícil es desalojarla. La parte buena es que Él es un Dios que guarda los pactos, como se nos dice en el Salmo 105:8: "Se acordó para siempre de su pacto; de la palabra que mandó para mil generaciones".

LA FAMILIA DE JACOB

Sigamos las debilidades de una familia y veamos las consecuencias de su decisión de "hacerlo a su manera y no a la manera de Dios". Su manera fue mentir, manipular, engañar, el favoritismo y el control.

"Aconteció que cuando Isaac envejeció, y sus ojos se oscurecieron quedando sin vista, llamó a Esaú su hijo mayor, y le dijo: Hijo mío. Y él respondió: Heme aquí. Y él dijo: He aquí ya soy viejo, no sé el día de mi muerte. Toma, pues, ahora tus armas, tu aljaba y tu arco, y sal al campo y tráeme caza; y hazme un guisado como a mí me gusta, y tráemelo, y comeré, para que yo te bendiga antes que muera."

—GÉNESIS 27:1–4

La costumbre de los patriarcas judíos era bendecir al hijo mayor antes de morir. Jacob en realidad le pidió a Esaú que preparase una comida de pacto para que los dos hicieran un pacto de sangre y así la bendición pudiera traspasarse a Esaú y a toda su descendencia. La bendición del padre que era pronunciada a su hijo en esa ceremonia decía: "Sé exaltado, sé levantado, sé fructífero en todas las áreas de tu vida, próspero, victorioso y teniendo el favor de Dios".

La esposa de Isaac, Rebeca, escuchó la conversación. Ella siempre había mimado a Jacob y lo había favorecido por encima de Esaú. Después de que Esaú saliera al campo a cazar para llevarle la caza a su padre, Rebeca le dijo a Jacob, su hijo menor:

"He aquí yo he oído a tu padre que hablaba con Esaú tu hermano, diciendo: Tráeme caza y hazme un guisado, para que coma, y te bendiga en presencia de Jehová antes que yo muera. Ahora, pues, hijo mío, obedece a mi voz en lo que te mando. Ve ahora al ganado, y tráeme de allí dos buenos cabritos de las cabras, y haré de ellos viandas para tu padre, como a él le gusta; y tú las llevarás a tu padre, y comerá, para que él te bendiga antes de su muerte".
—GÉNESIS 27:6–10

Rebeca enseñó a su hijo a mentir, engañar y robar. Mediante la mentira, el engaño y la astucia, los dos planearon engañar a Isaac y estafar su bendición a Esaú. Rebeca hasta diseñó ropa nueva para Jacob y se convirtió en una artista maquilladora para cambiarle el aspecto. Jacob tenía la piel suave y Esaú la tenía velluda. Rebeca no permitió que un pequeño detalle como ese la detuviera, y Jacob y ella robaron las ropas de Esaú para que él se las pusiera, y también hizo que él le llevara una piel de cabra para que ella pudiera poner las pieles sobre sus manos y su cuello.

Jacob le dijo a su madre: "Quizá me palpará mi padre, y me tendrá por burlador, y traeré sobre mí maldición y no bendición"

(v. 12). Pero su madre le respondió: "Hijo mío, sea sobre mí tu maldición; solamente obedece a mi voz y ve y tráemelos" (v. 13).

En este punto ella puso una maldición sobre sí misma. Rebeca y Jacob se las arreglaron para engañar a Isaac, y debido a eso Jacob recibió la bendición de Esaú. Cuando Esaú descubrió que su bendición había sido robada, se llenó de odio hacia su hermano y amenazó con matarlo.

Ahora bien, mamá no puede consentir que maten a su hijo favorito, así que manipula las cosas, domina un poco más y sugiere que Jacob huya a casa de su hermano Labán en Harán. Ella se las arregla para convencer a Isaac de que lo envíe diciéndole que ella está cansada de su vida y no quiere vivir si Jacob toma una esposa de entre las hijas de los heteos. (Notemos cómo ella pone sobre sí misma la maldición de la muerte.) Isaac llamó a Jacob, lo bendijo y le mandó: "No te casarás con una de las mujeres de Canaán".

Como resultado de perder su bendición, Esaú ahora odiaba a su hermano, albergaba el asesinato en su corazón, y era rebelde hacia sus padres. Él se casó con una mujer cananea simplemente para herir a sus padres.

Sigamos las maldiciones causadas por una madre que no "instruyó al niño en su camino" (ver Proverbios 22:6).

1. Humillación. El matrimonio de Esaú con una mujer pagana deshonró y humilló a sus padres.

2. Enfermedad mental y física. Rebeca llegó a estar tan deprimida y mentalmente confusa que dijo que quería morir.

3. Destrucción de la familia. Esaú odiaba a su hermano, se rebeló contra sus padres, y Jacob tuvo que marcharse de casa.

4. Pobreza. Jacob tuvo que salir de la casa de su padre y marcharse a trabajar para su tío, quien le engañó, le utilizó y le mintió. Cosechamos lo mismo que sembramos. Ten cuidado con lo que plantas en el huerto de tu corazón, pues eso dará una cosecha y tendrás que comer de su fruto.

5. Desaprobación. Él trabajó duro por siete años para obtener a Raquel como esposa, y fue engañado perdiendo así a su primer amor.

6. *Opresión.* ¿Puedes hacerte el cuadro mental de pensar que estás casado con la mujer que amas y despertarte con su hermana mayor, Lea, cuyos ojos eran apagados? Raquel era hermosa, y muy joven y atractiva. Eso sí que es depresión...

7. *Fracaso.* En este punto en el tiempo, cualquiera de los eventos en la vida de Jacob le haría sentirse como un fracaso.

8. *Desaprobación de Dios.* Jacob trajo eso sobre sí mismo cuando le mintió a su padre y estuvo de acuerdo en seguir el plan de su madre para engañar a su hermano y a su padre.

9. *Esterilidad.* La primera esposa de Jacob, Lea, tuvo muchos bebés, pero su segunda esposa, Raquel, permaneció estéril por muchos años. Pero después de mucha oración y de muchos hijos nacidos de sus sirvientas, Dios se apiadó de ella. Después de que ella luchara en oración, concibió y dio a Jacob un hijo llamado José.

10. *Maldición autoimpuesta.* Rebeca le dijo a su hijo Jacob: "Ve y consigue la bendición de tu padre Isaac". Jacob respondió: "Quizá me palpará mi padre, y me tendrá por burlador, y traeré sobre mí maldición y no bendición". Rebeca le dijo: "Hijo mío, sea sobre mí tu maldición". Ella pronunció una maldición sobre sí misma. Lee la historia completa y descubrirás que Rebeca nunca más volvió a ver a su hijo Jacob, pues ella estaba ya muerta cuando él regresó de Harán. Vemos que Rebeca comenzó a utilizar un lenguaje como: "Fastidio tengo de mi vida, a causa de las hijas de Het [hijas de la tierra]... ¿Para qué quiero la vida?" (Génesis 27:46). Ese es un lenguaje típico de una persona bajo una maldición.

Raquel y Jacob decidieron ser más listos que Labán, y mientras él estaba fuera esquilando a sus ovejas, ellos se marcharon y Raquel se llevó los ídolos familiares. Labán regresó a su casa y descubrió que se habían ido, y los persiguió. Después de muchos días de ir tras ellos, los alcanzó; quería saber quién había robado sus ídolos familiares. Jacob, sin saber que Rebeca los había robado, le dijo a Labán: "Aquel en cuyo poder hallares tus dioses, no viva" (Génesis 31:32). Jacob, con toda inocencia, puso una palabra de maldición sobre su querida esposa; con su boca la sentenció a muerte. La siguiente vez que Raquel dio a luz, lo cual sucedió no mucho tiempo después, ella murió en el parto (Génesis 35:18). Eso es causa y efecto. Ella llevó a su casa al dios prohibido; Jacob puso una palabra de maldición sobre ella y la sentenció a muerte.

TOMAR AUTORIDAD

Si estás sufriendo bajo el tormento de una maldición, de algún modo esa maldición encontró una entrada. No te enredes queriendo defenderte. A la luz de lo que acabas de leer, considera los incidentes en tu vida que tú simplemente creíste que eran coincidencias. Pregúntale a Dios: ¿De dónde vino la maldición? ¿Fue manipulación, dominación, mentira, engaño, robo? Recuerda: las maldiciones alcanzan hasta la cuarta generación y las bendiciones hasta mil generaciones.

Reconocer que hay una maldición y tomar responsabilidad a pesar de cuál sea la causa es el comienzo de la libertad. A nosotros, como personas, nos gusta poner excusas y culpar a otros. Donde hay pecado, hay una maldición, y Dios simplemente quiere que nos arrepintamos.

Al arrepentirte de tus pecados te liberas a ti mismo en el nombre de Jesús. Somos limpiados de todo pecado aplicando la sangre de Jesús. Resistir al diablo y renunciar a su autoridad sobre ti le despoja de su derecho legal de operar en tu vida. Asegúrate también de liberarte de cualquier amargura o falta de perdón que pueda haber en tu corazón. (Más adelante en este libro habrá varios capítulos sobre cómo perdonar.) Toma tu legítima autoridad sobre la maldición en el nombre de Jesús y repréndela.

LOS HECHOS SOBRE LOS PODERES MALIGNOS

3

Yo crecí en un hogar lleno del Espíritu, así que cualquiera pensaría que el ocultismo no habría sido practicado en el hogar. Cuando yo era una muchacha joven, no recuerdo que nunca me enseñaran sobre el ocultismo, el horóscopo o la brujería; si alguna vez surgió el tema, no tengo ningún recuerdo de haber escuchado nunca acerca de la falsificación de los dones de Dios. Sin embargo, participábamos regularmente en lo que se denomina superstición. Por ejemplo, me enseñaron: "No camines por debajo de una escalera, y no dejes que un gato negro cruce la carretera delante de ti, pues cualquiera de esas cosas traería mala suerte. El número trece era considerado de mala suerte".

Después de haber comido pollo para cenar, hacíamos algo especial con el "hueso" (o espoleta) de la pechuga del pollo. Después de la cena, cualquiera que tuviera el hueso lo agarraba y otro miembro de la familia estiraba de él. Cualquiera que consiguiera el extremo más largo (y era difícil de conseguir) ponía el hueso encima de la puerta y pedía un deseo. Siendo niña, recuerdo desear que la persona con la que fuera a casarme caminara por debajo del hueso que estaba en la puerta. Muchas veces la siguiente persona que atravesaba la puerta era un vecino que no estaba disponible o ni siquiera era considerado una posibilidad. Todo eso causaba muchas risas y bromas, y se consideraba que era bueno hacer esas cosas porque traían risas al hogar.

El diablo es un engañador, y él anima a las personas a que se diviertan con el pecado. Si no hubiera placer cuando uno participa por primera vez en la superstición, entonces nadie haría esas cosas. Al diablo se le da muy bien poner trampas para los inocentes. Aunque yo fui educada por unos padres muy piadosos, esas cosas no eran consideradas malas; simplemente se consideraban folklore familiar, y eran practicadas por nuestra familia y nuestros vecinos. Sin embargo, las cosas que hacíamos en nombre de la superstición estaban arraigadas en prácticas del ocultismo.

La superstición se origina en el ocultismo y la brujería; no es simplemente un juego divertido. Esos supuestamente llamados juegos eran puertas que abrieron mi naturaleza sensual a ser curiosa y buscar más poder. Años después yo abandoné la fe en la que fui educada para buscar respuestas en el ocultismo. La Palabra dice: "Instruye al niño en su camino, y aun cuando fuere viejo no se apartará de él" (Proverbios 22:6). De niña yo asistía a la escuela dominical, memorizaba versículos bíblicos y llevaba mi Biblia a la iglesia cada domingo. Uno puede hacer todas esas cosas y seguir sin tener sus ojos abiertos. El trabajo del diablo es robar, matar y destruir; él puede hacer eso mejor cuando uno es ignorante de sus maquinaciones. El ocultismo es su territorio. Yo vi a muchas personas ser sanadas cuando era una adolescente. Recuerdo cuando un evangelista llegó a mi ciudad durante la epidemia de polio, y durante un avivamiento de sanidad de seis semanas de duración yo vi de cincuenta a sesenta personas cada noche ser sanadas de la paralizadora enfermedad de la polio, tirar sus muletas y caminar normalmente. Algunos que iban en sillas de ruedas se levantaban y caminaban; tumores desaparecían de los cuerpos; los ojos de los ciegos se abrían y los sordos eran sanados. Pero ver todos esos milagros no hizo que me mantuviera en el camino recto y estrecho.

Siempre he sentido una gran curiosidad por lo sobrenatural. El problema fue que escogí hacerlo de la manera equivocada. Hay suficiente poder en el nombre de Jesús para satisfacer toda mi curiosidad, y yo solamente necesitaba apropiarme de él.

Recuerdo una superstición en la que yo participaba de niña, y causó una impresión duradera en mí. Yo tenía una verruga en mi talón, la cual era muy incómoda y me dolía cuando el zapato rozaba en ella. Mi tía me dijo que tomara un trapo que mi mamá utilizara para limpiar su cocina de leña y que no dejara que nadie se enterase de que yo lo había agarrado. Yo debía frotar mi verruga con el trapo y luego enterrarlo. Yo seguí sus instrucciones, y a la mañana siguiente se me había quitado la verruga. Recuerdo a mi mamá preguntando si alguien había visto el trapo que ella utilizaba para limpiar la cocina. Yo me quedé muy callada. Finalmente, me preguntaron directamente si yo había visto su trapo, y yo mentí y dije que no. La palabra ocultismo significa "encubrir, ocultar". Yo me sentí culpable por haberle mentido a mi mamá, pero quería ocultar lo que había hecho para mantener la sanidad que se había producido por medio de la mentira y el engaño del enemigo.

Siendo ya adulta, cuando tuve que afrontar abrumadoras presiones de la vida, de nuevo busqué soluciones en el poder ilegítimo. Me metí de forma muy profunda en las prácticas del ocultismo cuando mi primer matrimonio terminó en divorcio, después de haber tenido dos hijos y de nueve años de intentar arreglarlo. En lugar de acudir a la iglesia, acudí a estudiar a Jean Dixon, a leer mi horóscopo diariamente para obtener dirección, a seguir las enseñanzas de Edgar Cayce sobre la sanidad y a consultar a médiums. La guija era mi respuesta para obtener dirección, y creía en la reencarnación. Como puedes ver, yo buscaba respuestas pero en los lugares equivocados. Literalmente el diablo me estaba tomando cautiva debido a mi ignorancia de la Palabra.

Yo simplemente había sentido el poder suficiente mediante lo que llamamos superstición, que pensaba que esa era una forma más poderosa que depender de Dios. Me convencí a mí misma de que la religión era algo antiguo y anticuado, pero incluso entonces seguía asistiendo a la iglesia lo suficiente para acallar mi conciencia; y cuando mi mamá me preguntaba si yo asistía a la iglesia, al menos podía decirle el nombre de una iglesia.

La caída de Satanás

Leamos Deuteronomio 18:9-14:

> "Cuando entres a la tierra que Jehová tu Dios te da, no aprenderás a hacer según las abominaciones de aquellas naciones. No sea hallado en ti quien haga pasar a su hijo o a su hija por el fuego, ni quien practique adivinación, ni agorero, ni sortílego, ni hechicero, ni encantador, ni adivino, ni mago, ni quien consulte a los muertos. Porque es abominación para con Jehová cualquiera que hace estas cosas, y por estas abominaciones Jehová tu Dios echa estas naciones de delante de ti. Perfecto serás delante de Jehová tu Dios. Porque estas naciones que vas a heredar, a agoreros y a adivinos oyen; mas a ti no te ha permitido esto Jehová tu Dios".

Consideremos concretamente el mandamiento de Dios de no hacer pasar a un hijo o una hija por el fuego. ¿Por qué es pecado pasar por el fuego? Yo creo que la respuesta se remonta al tiempo en que Satanás (originalmente llamado Lucifer) era el líder de adoración de la era anterior a Adán. Dios lo describió de este modo: "Tú, querubín grande, protector, yo te puse en el santo monte de Dios, allí estuviste; en medio de las piedras de fuego te paseabas. Perfecto eras en todos tus caminos desde el día que fuiste creado, hasta que se halló en ti maldad" (Ezequiel 28:14-15).

¿Por qué se paseaba Lucifer en medio de las piedras de fuego? Yo creo que las piedras representan el fuego purificador de Dios. Cuando Lucifer, el querubín ungido, caminaba sobre el carbón de fuego, la gloria del Señor se elevaba en él; cuando él estaba lleno de la gloria que emanaba de la presencia de Dios, dirigía la alabanza y la adoración. Cuando él dirigía la alabanza y la adoración, una gran nube de gloria salía de él debido al fuego de Dios.

A causa del orgullo, Lucifer cayó y se convirtió en Satanás. Ahora él quiere que la gente camine sobre carbones de fuego para dar adoración y honor a su nombre. Para poder caminar sobre carbones de fuego, una persona tiene que meditar; uno tiene que meditar hasta llegar a estar en un estado mental como de trance para que los carbones no le quemen. La meditación de este tipo viene de la naturaleza del alma, la cual es la mente, la voluntad y las emociones.

La Palabra de Dios nos dice que somos guardados en perfecta paz cuando nuestros pensamientos están centrados en Dios; pero cuando nuestras mentes son entregadas a espíritus malignos, perdemos nuestra paz. Nuestra naturaleza sensual es entonces capacitada por el diablo y, por tanto, le da honor a él. Él desea ser adorado, pero Dios es el único a quien debemos adorar.

El segundo punto del que quisiera hablar sobre la caída de Lucifer es la causa. Ezequiel dijo que se halló "iniquidad" en él. Isaías explica qué era esa iniquidad.

"¡Cómo caíste del cielo, oh Lucero, hijo de la mañana! Cortado fuiste por tierra, tú que debilitabas a las naciones. Tú que decías en tu corazón: Subiré al cielo; en lo alto, junto a las estrellas de Dios, levantaré mi trono, y en el monte del testimonio me sentaré, a los lados del norte; sobre las alturas de las nubes subiré, y seré semejante al Altísimo."
—ISAÍAS 14:12–14

Satanás cayó a causa del orgullo; quería ser Dios. Hay cinco "yo haré" en la declaración de Lucifer y, por tanto, Satanás tiene un quíntuple ejército para destruir la Iglesia. Desde la fundación de la tierra, Dios estableció un quíntuple ministerio para edificar la Iglesia. Satanás nunca ha tenido una idea original; todo lo que hace es una falsificación de las leyes de Dios, las cuales están para protegernos y traer bien a nuestras vidas. Satanás cayó porque se llenó de orgullo y decidió que él era tan bueno que todos deberían adorarle a él en lugar de adorar a Dios. Todas las prácticas del ocultismo mencionadas en Deuteronomio 18 se usaban como herramientas de adoración en oposición al bien que Dios ha establecido. Satanás quiere ser adorado como Dios es adorado.

Las fortalezas estratégicas de Satanás

Para neutralizar con eficacia a Satanás y sus fortalezas necesitamos comprender cómo y dónde operan.

Satanás tiene su morada en el segundo cielo. Lo que vemos con nuestros ojos físicos es el cielo estelar, y Satanás vive en el segundo cielo, donde moran con él los principados, potestades y gobernadores de las tinieblas de este mundo, huestes espirituales de maldad en las regiones celestes (ver Efesios 6:12).

Las Escrituras indican que la tierra es el hogar de las fortalezas demoníacas llamadas demonios o espíritus malos. Leemos en Mateo 12:43-44: "Cuando el espíritu inmundo sale del hombre, anda por lugares secos, buscando reposo, y no lo halla. Entonces dice: Volveré a mi casa de donde salí; y cuando llega, la halla desocupada, barrida y adornada".

Cuando dice que "anda" por lugares secos no se refiere a que él ascienda o descienda; por tanto, parece que el movimiento de los demonios está aquí en la tierra. Los que están en la tierra están asignados a nosotros mediante las iniquidades de la línea de sangre en nuestras familias. Su tarea es hacer que el plan de Dios para nuestras vidas se vea estorbado.

Las Escrituras nos dan algo de perspectiva sobre el origen de los demonios asignados a la tierra. En primer lugar, leamos el relato de la creación. Génesis 1:1 dice que Dios creó los cielos y la tierra; Génesis 1:2 dice que la tierra estaba desordenada y vacía, y las tinieblas la cubrían. Todo lo que Dios crea es bueno, y por eso yo no creo que Él originalmente crease la tierra como un vacío en tinieblas y sin forma. Creo que la tierra original era hermosa y llena de plantas, animales y personas. Su ruina llegó cuando Satanás fue expulsado del cielo y cayó a la tierra. Las personas en la tierra le siguieron y se hicieron malvados y no redimidos. A causa de Satanás, toda la creación cayó en el caos, y los espíritus de las personas cayeron bajo el gobierno de Satanás. Esos espíritus se quedaron en la tierra, y cuando Dios volvió a repoblarla comenzaron a buscar seres humanos para habitar en ellos y así expresarse a sí mismos. Los demonios habitan en personas que participan en el ocultismo.

Si alguna vez has pasado mucho tiempo en oración de intercesión, has luchado con las fortalezas de Satanás. La Palabra de Dios nos dice que derribamos esas fortalezas y detenemos sus ataques. La siguiente es una descripción de las fortalezas que somos llamados a derrotar.

1. Demonios confinados a la tierra. Están en la parte más baja de la jerarquía, y siguen las órdenes de otros.

2. Principados. Estos son soldados en el ejército de Satanás: ángeles caídos comunes que van en contra de la gente común, en especial de los cristianos. Yo creo que son sargentos por encima de los demonios confinados a la tierra. Están familiarizados con las iniquidades de nuestra línea de sangre y su tarea es atacar, hostigar y atormentar.

3. Potestades. Las potestades (o autoridades) derivan su poder de los gobernadores principales y ejecutan la voluntad de ellos. Son ángeles caídos que tienen aún mayor autoridad y poder que los principados. Ellos asignan a demonios de la tierra el oprimir a personas que están en puestos de liderazgo en los negocios, las escuelas o las iglesias.

4. Gobernadores de las tinieblas. Ellos también podrían ser llamados gobernadores del mundo de las tinieblas de esta era, o los gobernadores del mundo espiritual. Estos ángeles caídos tienen la tarea de oprimir y atacar ciudades.

5. Maldad espiritual en las regiones celestes. Esto describe a ángeles caídos que son los generales en el ejército de Satanás. Ellos dirigen a los líderes nacionales y los países hacia las drogas, la pornografía, el alcoholismo y todo tipo de maldad que controla, oprime y posee a los líderes nacionales.

6. Satanás. Él está en lo más alto. Cuando él cayó, se llevó con él a una tercera parte de los ángeles. Es el gobernador de todos los ángeles y demonios caídos. Observa que he dicho "gobernador"; en otras palabras, él tiene el gobierno sobre ellos, pero él no es la autoridad final. Cuando Jesús murió en la cruz, Él tomó las llaves de la muerte, el infierno y el sepulcro. Colosenses 2:10 nos dice quién tiene todo el control: "Y vosotros estáis completos en él, que es la cabeza de todo principado y potestad".

Efesios 1:20-23 también declara: "La cual operó en Cristo, resucitándole de los muertos y sentándole a su diestra en los lugares celestiales, sobre todo principado y autoridad y poder y señorío, y sobre todo nombre que se nombra, no sólo en este siglo, sino también en el venidero; y sometió todas las cosas bajo sus pies, y lo dio por cabeza sobre todas las cosas a la iglesia, la cual es su cuerpo, la plenitud de Aquel que todo lo llena en todo".

Prácticas del ocultismo

Hemos hablado de que las prácticas del ocultismo abren la puerta a la actividad demoníaca en nuestras vidas. Muchas personas no son conscientes de lo que son las prácticas del ocultismo, pues son tan comunes que a menudo se aceptan como parte de la cultura. Las siguientes son algunas prácticas de las que muchas veces oímos, junto con la manera en que el diccionario las define.

- **Brujería:** Conjunto de prácticas mágicas o supersticiosas que ejercen los brujos y las brujas; hechicería; encantamientos; relaciones con espíritus malos.
- **Hechicería:** Arte o acto supersticioso de hechizar, o especialmente de adivinación, obtenido mediante la ayuda o control de espíritus malos.
- **Adivinación:** Acción o efecto de adivinar. El arte o práctica de prever el futuro o de descubrir conocimiento oculto, como mediante el estudio de los presagios.
- **Necromancia:** Adivinación por evocación de los muertos; magia negra.
- **Ciencias ocultas:** Ciencias que se relacionan con la supuesta acción o influencia de cualidades ocultas, o poderes sobrenaturales, como la alquimia (el arte de extraer extractos medicinales de las plantas), magia, necromancia y astrología.
- **Alquimia:** Conjunto de especulaciones y experiencias, generalmente de carácter esotérico, relativas a las transmutaciones de la materia, que influyó en el origen de la ciencia química. Tuvo como fines principales la búsqueda de la piedra filosofal y de la panacea universal. De modo figurado se usa respecto al cambio de la naturaleza humana básica en divina. En otras palabras, al beber la fórmula "de oro" se es transformado en un dios.
- **Astrología u horóscopo:** Supuesta ciencia que se apoya en la influencia de las estrellas sobre los eventos de los hombres y en el pronóstico de eventos por medio de las estrellas. El horóscopo es la predicción del futuro basada en la posición relativa de los astros en un momento dado. Una carta o mapa que muestra las posiciones relativas de las estrellas, utilizada por los astrólogos al hacer predicciones.
- **Adivino:** Una persona que predice eventos.
- **Amuleto:** Cualquier acto, palabra u objeto con supuesto poder mágico; un encanto; talismán. Un objeto que se lleva para protegerse del daño o para atraer la buena fortuna; un amuleto; de ahí, un pequeño ornamento, como un sello, que se lleva en una

cadena de reloj o en un guardapelo. Un rasgo o cualidad que fascina o atrae, como por un encanto.

¿Con qué frecuencia ves a alguien con una pulsera amuleto? En ella hay un trébol de cuatro hojas que significa buena suerte. El cuerno italiano que se lleva alrededor del cuello es un amuleto de buena suerte que se supone que trae prosperidad. Muchas personas cuelgan una herradura hacia abajo en su puerta para tener buena suerte; algunos llevan una pata de conejo en su bolsillo para que les dé buena suerte. Todo esto tiene conexión con el Encantador. El amuleto es un objeto que se lleva para ahuyentar el mal. Un encanto también puede ser una combinación de palabras que denotan poderes mágicos de protección.

Cualquier cosa que se use para predecir y guiar, como leer los posos del té, leer la palma de la mano o echar la fortuna, es una abominación a Dios. ¿Cuántas de nuestras escuelas públicas y algunas privadas realizan carnavales escolares y ponen mesas donde se lee la mano y se echa la fortuna, pensando que es simplemente un inocente juego que recaudará dinero para la escuela? ¿Cuántos de esos chicos y chicas eran lo mismo que yo... cristianos, que sin embargo hacen todo eso sin que nadie les diga nunca que está mal? Algunos de ellos se convierten en víctimas y nunca llegan a ser cristianos.

TEMORES

Yo era una persona muy temerosa cuando crecí. Al reflexionar en los programas de radio que oíamos y las historias que escuchábamos, sé exactamente de dónde vino ese espíritu de temor. El temor viene de oír historias de miedo. Escuchábamos en la radio el programa: "La puerta que chirría" y luego yo tenía terribles pesadillas. Solía despertarme en mitad de la noche, hasta el punto de llegar a ser peligroso. La vieja casa en la granja en la cual vivíamos tenía un porche central muy elevado. Una noche yo me desperté justo cuando estaba a punto de caerme por el porche. En otra ocasión yo estaba de pie en el marco de la ventana y atravesé el cristal con mi pie, rompiendo el cristal y cortándome.

Bloody Mary es un "juego" de espiritismo de adolescentes en el que los participantes giran dando tres vueltas diciendo Bloody Mary en una habitación oscura, como un cuarto de baño, con los ojos totalmente cerrados; luego los abren de repente y miran a un espejo esperando ver aparecer una cara de terror. Mi nieta hizo ese juego y vio un esqueleto en el espejo con largo cabello rubio y penetrantes ojos negros, pero el resto de la criatura era simplemente huesos con un bonito y fluido vestido blanco. La asustó tanto que confesó a su mamá lo que había hecho; se arrepintió de haber participado en el ocultismo y luego ordenó al espíritu de temor que abandonara su cuerpo, y dejó de tener pesadillas sobre su única experiencia de haber jugado al Bloody Mary.

El temor atormenta. En una fiesta de cumpleaños a la que asistió, mi hija (que estaba en séptimo grado en aquel tiempo) formó parte de hacer levitar una mesa. Ella sabía que eso estaba mal, pero siguió a los demás. No mucho tiempo después de eso, ella y yo íbamos conduciendo y pasamos al lado de una iglesia espiritista situada en Dover Shores en aquel tiempo. Yo sentí una fría presencia que entraba en mi auto; miré a mi hija y ella estaba completamente aterrorizada y tenía dificultades para respirar. De inmediato comencé a clamar por la sangre de Cristo y, al hacerlo, ese "espíritu frío y presencia totalmente malvada" abandonó mi auto. Entonces comencé a hacerle preguntas a mi hija, y ella me contó lo que había ocurrido en la fiesta y se arrepintió. El espíritu con el que contactaron aquella noche para hacer levitar la mesa tenía un derecho legar de atacar a mi hija. Si ella hubiera estado sola o con alguien no creyente, ese espíritu malo habría entrado en ella y se habría aferrado a ella para continuar atormentándola y acosándola, y finalmente la habría destruido.

CONSULTAR A MÉDIUMS

Médium: En el espiritismo, se supone que una persona es capaz de transmitir información de espíritus o hacer cosas imposibles sin la ayuda de ellos. Una vez yo visité a una médium (hace muchos años, antes de ser salva), y esta es la manera en que ella me "leyó". Me pidió una joya que yo llevaba puesta; tomó en su mano el collar y dio vueltas y vueltas con sus dedos alrededor del lazo de perla negra. Yo estaba sentada en una silla muy cómoda enfrente de ella; el cuarto era muy bonito, y había una suave brisa y cortinas muy finas que se movían con suavidad. Ella comenzó a decirme los nombres de mi abuelo y de mi abuela, y describió la situación de la tierra en la que ellos vivían. En aquel momento lo único que ella sabía de mí era mi nombre. Ella fue muy precisa en parte de su información y totalmente equivocada en dos cosas muy importantes. Parecía ser mucho más precisa en lo que ya había ocurrido en mi vida y totalmente imprecisa respecto al futuro.

Le pagué cinco dólares, y cuando estaba saliendo ella me dijo que asistiera un domingo en la noche a una sesión de espiritismo. Yo le dije que ya tenía una religión y que no necesitaba regresar otra vez. Ella hizo hincapié en que yo era fácil de leer y que encajaría muy bien en su comunidad. En aquel punto recuerdo haber sentido temor, confusión, culpa y sencillamente un profundo terror. Yo sabía que lo que ella había dicho y hecho no era de Dios; sabía que detrás de lo que ella estaba diciendo había un espíritu malo. En aquel momento, yo ni siquiera estaba segura de lo que era un espíritu malo, pero sabía que estaba en el lugar equivocado.

LOS DEMONIOS Y SUS EFECTOS

Me gustaría enumerar las listas más comunes de demonios y sus grupos. Esta no es la lista de todas las listas, pero sí que incluye la mayoría de las que hemos encontrado a lo largo de los años.

Están enumerados por grupos, donde normalmente los encontramos. Verás que hay más de 53, al menos un grupo para cada semana del año:

1. ACUSACIÓN: Crítica, juicio.
2. ADICTIVOS y COMPULSIVOS: Alcohol, cafeína, drogas, glotonería, medicinas, nicotina.
3. AFECTACIÓN: Actuar, pretensión, sofisticación, hacer teatro.
4. AMARGURA: Ira, odio, asesinato, resentimiento, represalias, furia, falta de perdón, violencia.
5. COMPETICIÓN: Pelea, impulso, ego, orgullo.
6. CONFUSIÓN: Olvido, frustración, incoherencia, indecisión.
7. CONTROL: Ira, pelea, dominio, posesividad, brujería.
8. CODICIA: Descontento, avaricia, cleptomanía, lujuria material, robo.
9. SECTAS: Bahaísmo, ciencia cristiana, testigos de Jehová, latihan, logias, sociedades, agencias sociales, usar la Biblia y a Dios como base pero omitir la sangre expiatoria de Jesús, mormonismo, el rosacruces, teosofía, unitarianismo, unitarismo, urania.
10. MALDICIÓN: Murmuración, menosprecio, blasfemia, bromas groseras, crítica, chismorreo, burla, recriminación.
11. MUERTE: Abuso, asesinato, suicidio.
12. DEPRESIÓN: Muerte, derrotismo, desánimo, desesperación, pesimismo, abatimiento, desesperanza, insomnio, morbosidad, suicidio.
13. DUDA: Intelecto, escepticismo, incredulidad.
14. ESCAPE: Alcohol, drogas, indiferencia, pasividad, somnolencia, estoicismo.
15. CARGAS FALSAS: Falsa responsabilidad, falsa compasión.

16. RELIGIONES FALSAS: Budismo, confucianismo, hinduísmo, Islam, sintoísmo, taoísmo.

17. FATIGA: Pereza, cansancio, agotamiento.

18. TEMOR A LA AUTORIDAD: Engaño, mentira, manipulación.

19. MIEDOS (TODO TIPO): Histeria, fobias.

20. GLOTONERÍA: Alimentación compulsiva, frustración, holgazanería, nerviosismo, resentimiento, autocompasión, autorecompensa.

21. TRISTEZA: Crueldad, llorar, dolor de cabeza, sufrimiento, congoja, lamento.

22. CULPA: Condenación, vergüenza, falta de valía.

23. PESADEZ: Carga, disgusto, melancolía.

24. HIPERACTIVIDAD: Impulso, presión, inquietud.

25. IMPACIENCIA: Agitación, crítica, frustración, intolerancia, resentimiento.

26. INDECISIÓN: Hacer concesiones, confusión, olvido, indiferencia, indecisión.

27. ENFERMEDAD: Podría ser cualquier enfermedad, sea cual sea su nombre.

28. HERENCIA: Maldiciones, emocional, mental, física.

29. INSEGURIDAD: Incompetencia, ineptitud, inferioridad, soledad, autocompasión, timidez.

30. CELOS: Desconfianza, envidia, egoísmo, sospecha.

31. ENFERMEDAD MENTAL: Alucinaciones, demencia, locura, manía, paranoia, retardo, esquizofrenia, senilidad.

32. ATADURA MENTAL: Confusión, temor al fracaso, temor al hombre, espíritus de ocultismo, espíritus de espiritismo.

33. IDOLATRÍA DE LA MENTE: Ego, intelectualismo, orgullo, racionalización.

34. NERVIOSISMO: Agitación, dolor de cabeza, insomnio, hábitos nerviosos, inquietud, vagar, tensión.

35. OCULTISMO: Astrología, escritura automática, magia negra, fetiches, etc., conjurar, encantación, percepción extrasensorial, echar la fortuna, análisis de la escritura, horóscopo, levitación, guija, quiromancia, péndulo, tarot, hechizos con agua, magia blanca, brujería.
36. PARANOIA: Desconfianza, envidia, temores, celos, persecución, miedos, sospecha.
37. PASIVIDAD: Miedo, indiferencia, letargo, apatía.
38. PERFECCIÓN: Ira, ego, crítica, frustración, intolerancia, irritabilidad, orgullo, vanidad.
39. PERSECUCIÓN: Temor a la acusación, temor a la condenación, temor al juicio, temor a la reprobación, sensibilidad, injusticia.
40. ORGULLO: Arrogancia, ego, altivez, importancia, fariseísmo, vanidad.
41. REBELIÓN: Anti-sometimiento, desobediencia, terquedad, obstinación, brujería.
42. RECHAZO: Temor al rechazo, autorechazo.
43. RELIGIOSO: Destrución, error doctrinal, obsesión doctrinal, temor de Dios, temor del infierno, temor de perder la salvación, formalismo, legalismo, religiosidad, ritualismo.
44. REPRESALIA: Crueldad, destrucción, odio, daño, rencor, sadismo.
45. ESQUIZOFRENIA: Maníaco-depresivo, bipolar.
46. AUTOACUSACIÓN: Autocondenación, odio a sí mismo.
47. AUTOENGAÑO: Orgullo, autoengaño, autoseducción.
48. SENSIBILIDAD: Temor a la desaprobación, temor al hombre, conciencia de sí mismo.
49. IMPUREZA SEXUAL: Adulterio, exhibicionismo, fantasía lujuriosa, fornicación, frigidez, prostitución, homosexualidad, incesto, lesbianismo, lujuria, masturbación, violación.

50. ESPIRITISMO: Necromancia, espiritismo, espíritu guía.
51. CONFLICTO: Polémica, riñas, contención, peleas, pleitos.
52. RETIRADA: Soñar despierto, fantasía, pretensión, irrealidad.
53. PREOCUPACIÓN: Ansiedad, aprensión, terror, miedo.

Estoy segura de que hay más demonios que no hemos enumerado. La Biblia dice que el infierno se expande, y es posible que también haya demonios que estén siendo liberados en estos tiempos y que no hemos encontrado antes.

Para ser libre de los demonios, utiliza tu voluntad. Toma autoridad sobre ellos llamando al demonio por su nombre y ordenándole que se vaya de tu cuerpo. Entraron con un suspiro, y pueden irse con un suspiro. Si tienes algún pagaré contra alguien, rómpelo y deja a esa persona en manos de Dios. Renuncia al ocultismo y confiesa el pecado como pecado. Arrepentirse significa dar la espalda a lo malo y aceptar el conocimiento de Dios.

Después de haber dado estos pasos para ser libre, evita los ídolos, deja cualquier práctica prohibida y líbrate de cualquier objeto de ocultismo que tengas en tu casa; quema cualquier libro u objeto que represente cualquiera de las prácticas prohibidas.

Para seguir siendo libre, lee tu Biblia cada día. Tanto la fe como la incredulidad provienen de lo que leemos. Lo que pongas en tu corazón será comunicado con tu boca. "La muerte y la vida están en poder de la lengua, y el que la ama comerá de sus frutos" (Proverbios 18:21). Que orar sea lo primero que hagas en la mañana. Cuando oras el Padrenuestro, dices: "Y no nos metas en tentación, mas líbranos del mal" (Mateo 6:13). En ese momento estás orando por una cobertura de protección alrededor de ti. Clama la sangre de Jesús sobre ti mismo, tus posesiones, tu familia, tu escuela, tu trabajo y tus mascotas.

Permanece lleno del Espíritu Santo. Evita situaciones, personas, lugares o cosas que te hagan pecar. Evita las quejas, y desarrolla una actitud de gratitud.

4

Fuentes de maldiciones generacionales

Hace muchos años mi esposo investigó la genealogía de su familia y de la mía. Para sorpresa nuestra, descubrimos que nuestras dos familias habían tenido muchos predicadores en generaciones pasadas. Ninguno de nosotros había sabido absolutamente nada de nuestras familias más allá de nuestros bisabuelos, y fue una bendición descubrir una herencia piadosa.

Al final de este capítulo encontrarás un dibujo de un árbol genealógico. Utilízalo como guía para determinar si hay cualquier raíz de maldiciones generacionales operativas en tu vida. Cuando mi esposo y yo investigamos nuestro trasfondo familiar, descubrimos raíces que anteriormente no habíamos destapado.

¿Toma dominio la iniquidad de un árbol genealógico? El Salmo 119:133 dice: "Ordena mis pasos con tu palabra, y ninguna iniquidad se enseñoree de mí". Debido a la iniquidad, el amor de muchos se enfriará (ver Mateo 24:12). Si no se quita la iniquidad en una familia, entonces la familia es fría hacia Dios, pues las iniquidades nunca han sido quitadas y ellas nos separan de Dios. La iniquidad puede llegar hasta a tomar dominio sobre una nación.

"Hemos pecado, hemos cometido iniquidad, hemos hecho impíamente, y hemos sido rebeldes, y nos hemos apartado de tus mandamientos y de tus ordenanzas. No hemos obedecido a tus siervos los profetas, que en tu nombre hablaron a nuestros reyes, a nuestros príncipes, a nuestros padres y a todo el pueblo de la tierra. Tuya es, Señor, la justicia, y nuestra la confusión de rostro, como en el día de hoy lleva todo hombre de Judá, los moradores de Jerusalén, y todo Israel, los de cerca y los de lejos, en todas las tierras adonde los has echado a causa de su rebelión con que se rebelaron contra ti. Oh Jehová, nuestra es la confusión de rostro, de nuestros reyes, de nuestros príncipes y de nuestros padres; porque contra ti pecamos. De Jehová nuestro Dios es el tener misericordia y el perdonar, aunque contra él nos hemos rebelado, y no obedecimos a la voz de Jehová nuestro Dios, para andar en sus leyes que él puso delante de nosotros por medio de sus siervos los profetas. Todo Israel traspasó tu ley apartándose para no obedecer tu voz; por lo cual ha caído sobre nosotros la maldición y el juramento que está escrito en la ley de Moisés, siervo de Dios; porque contra él pecamos. Y él ha cumplido la palabra que habló contra nosotros y contra nuestros jefes que nos gobernaron, trayendo sobre nosotros tan grande mal; pues nunca fue hecho debajo del cielo nada semejante a lo que se ha hecho contra Jerusalén."

—DANIEL 9:5–12

¿Pero cómo podemos pasar de las maldiciones a la bendición? Se nos dice en Gálatas que Cristo nos ha redimido de la maldición "para que en Cristo Jesús la bendición de Abraham alcanzase a los gentiles" (Gálatas 3:13-14). La iniquidad puede ser limpiada mediante una oración de arrepentimiento. Es muy fácil ser liberado por Jesús porque Él pagó el precio de la iniquidad por nosotros (ver Isaías 53:5).

Se nos dice en Oseas 4:6: "Mi pueblo fue destruido, porque le faltó conocimiento. Por cuanto desechaste el conocimiento, yo te echaré del sacerdocio; y porque olvidaste la ley de tu Dios, también yo me olvidaré de tus hijos". Ya que ahora tenemos el conocimiento, podemos convertir la maldición en una bendición. Lo contrario de este pasaje puede convertirse en una realidad en nuestras vidas: "Porque no hemos olvidado la ley de nuestro Dios, ¡tampoco Él se olvidará de nuestros hijos!". Necesitamos tomar la decisión de ser libres de toda iniquidad.

IDENTIFICAR LAS INIQUIDADES

Recuerda: la Biblia dice que una maldición no viene sin una causa. Para ayudarte a buscar las raíces de las causas en tu árbol genealógico, he enumerado nueve de las iniquidades más comunes que causan maldiciones.

1. **Idolatría, dioses falsos, el ocultismo.** Esta es la raíz clave que hay que identificar primero, pues Dios ordenó: "No te harás imagen, ni ninguna semejanza de lo que esté arriba en el cielo, ni abajo en la tierra, ni en las aguas debajo de la tierra. No te inclinarás a ellas, ni las honrarás; porque yo soy Jehová tu Dios, fuerte, celoso, que visito la maldad de los padres sobre los hijos hasta la tercera y cuarta generación de los que me aborrecen" (Éxodo 20:4–5).

2. **Deshonrar a los padres.** Se nos dice en Efesios 6:2–3: "Honra a tu padre y a tu madre, que es el primer mandamiento con promesa; para que te vaya bien, y seas de larga vida sobre la tierra". La "promesa" es una bendición, y lo contrario de una bendición es una maldición. La elección es nuestra.

3. **Sexo ilícito o antinatural.** Levítico 20:10–21 enumera estas perversiones, incluyendo el adulterio, la fornicación, el incesto, la homosexualidad y la bestialidad, ¡y dice que son una abominación! Todos los que se permiten participar en la perversión sexual de cualquier tipo se exponen a sí mismos a la maldición de Dios.

4. **Injusticia hacia el débil o desamparado.** La Biblia nos dice en Éxodo 23:7: "De palabra de mentira te alejarás, y no matarás al inocente y justo; porque yo no justificaré al impío". El ejemplo supremo de eso en nuestra sociedad en la actualidad es el aborto deliberado. Reconoce la maldición, arrepiéntete del pecado de asesinato y pide a Dios su misericordia. Simbólicamente, toma a tu bebé en tus brazos, míralo a los ojos y pronuncia el nombre del bebé para poder identificarte a ti mismo como el padre o la madre. Dios te dará un nombre aunque no sepas cuál es su género. Dile al bebé: "Te pido que me perdones por quitarte tu vida en la tierra. No puedo volver a dártela, pero estaré contigo algún día". Ahora eleva al bebé con ambas manos y di: "Te presento ante Jesús". Finalmente, deja al bebé en una cesta, caja o ataúd, cierra la tapa, pon un ramo de flores encima y hazlo descender hasta la tierra. Dar estos pasos pone la conclusión a lo que se hizo y da al bebé una identidad. Al hacerlo, reconoces que el feto que fue quitado de tu cuerpo no era un pedazo de tejido sino un bebé. La Palabra de Dios es muy clara en que cada bebé es formado de modo único (ver Salmo 139:15-16).

Después de haber hecho eso sentirás que la culpa, la vergüenza y la pesadez abandonan tu cuerpo. Serás capaz de derramar lágrimas que te limpiarán de la corrupción que llegó cuando tuviste el aborto. Con mucha frecuencia las mujeres son estériles, o pierden muchos bebés de modo natural debido a la culpa de haberse realizado un aborto. Cuando se trata con la culpa, a menudo los órganos femeninos son sanados y pueden concebir y dar a luz a un bebé. Algunas mujeres que se realizaron abortos darán a luz a otros niños, pero ellas no pueden disfrutar realmente de ellos debido a la culpa y la vergüenza. Después de haber seguido los pasos mencionados para poner una conclusión, sienten un mayor amor por sus hijos y viven una vida con más paz.

5. **Confiar en la fuerza de la carne.** Esto significa pensar que no necesitas a Dios, que tienes más que suficiente contigo mismo. Algunas personas son tan orgullosas e independientes que creen que sería degradante para su carácter confiar en Dios. Este es el pecado de orgullo, y el orgullo viene antes de la caída (ver Proverbios 16:18).

   Jeremías 17:5-6 dice: "Así ha dicho Jehová: Maldito el varón que confía en el hombre, y pone carne por su brazo, y su corazón se aparta de Jehová. Será como la retama en el desierto, y no verá cuando viene el bien, sino que morará en los sequedales en el desierto, en tierra despoblada y deshabitada".

6. **Robo o perjurio.** Es parte de los Diez Mandamientos e invitará a que una maldición venga sobre nosotros si los quebrantamos. "No hurtarás. No dirás falso testimonio contra tu prójimo" (Deuteronomio 5:19-20).

7. **Ser económicamente tacaño con Dios.** "Traed todos los diezmos al alfolí y haya alimento en mi casa; y probadme

ahora en esto, dice Jehová de los ejércitos, si no os abriré las ventanas de los cielos, y derramaré sobre vosotros bendición hasta que sobreabunde. Reprenderé también por vosotros al devorador, y no os destruirá el fruto de la tierra, ni vuestra vid en el campo será estéril, dice Jehová de los ejércitos. Y todas las naciones os dirán bienaventurados; porque seréis tierra deseable, dice Jehová de los ejércitos" (Malaquías 3:10-12). Malaquías 1:14 habla de la maldición: "Maldito el que engaña, el que teniendo machos en su rebaño, promete, y sacrifica a Jehová lo dañado. Porque yo soy Gran Rey, dice Jehová de los ejércitos, y mi nombre es temible entre las naciones".

8. **Palabras negativas pronunciadas por personas con autoridad relacional.** Son palabras dichas por padres, esposos, maestros, pastores, etc. Muchas veces esas palabras simplemente tenían la intención de desanimar a las personas, pero en realidad se convirtieron en una maldición. Puede que un maestro diga: "Esa ha sido una respuesta estúpida", pero el niño la recibe como queriendo decir que él es estúpido y, por tanto, junto con el comentario viene una maldición. Las palabras de maldición pronunciadas por quienes están en autoridad incluyen: "Fracasarás si dejas esta empresa", o: "fracasarás si dejas esta iglesia". Esas cosas son maldiciones a pesar de cuál fuese la intención de la persona que las pronunció. El Salmo 36:3 dice: "Las palabras de su boca son iniquidad y fraude; ha dejado de ser cuerdo y de hacer el bien".

9. **Maldiciones autoimpuestas.** Son maldiciones que las personas pronuncian sobre sí mismas (nunca llegaré a nada... soy igual que mi padre o mi madre... etc.).

10. **Palabras pronunciadas por personas que representan a Satanás, brujos, etc.** La raíz del pecado de Satanás y

de quienes practican la brujería es la rebelión, y sabemos eso por dos razones. En primer lugar, Satanás fue expulsado del cielo por su rebelión. En segundo lugar, la Biblia dice: "Porque como pecado de adivinación es la rebelión, y como ídolos e idolatría la obstinación" (1 Samuel 15:23). En el hebreo original, la palabra "como" no estaba, por lo que el versículo podría traducirse correctamente como: "Porque pecado de adivinación es la rebelión, e ídolos e idolatría la obstinación". Cualquier palabra pronunciada por personas que representen a Satanás de cualquier manera es de rebelión y, por tanto, está en contra de Dios. Sus maldiciones pueden llegar sobre nosotros solamente si hay una grieta en nuestra armadura. Recuerda que la Biblia dice: "Así la maldición nunca vendrá sin causa" (Proverbios 26:2).

11. **Oraciones sensuales, expresiones dichas con malas actitudes y chismorreo.** Cuando se hace una oración en contra de una persona, esa es una oración sensual. Todas nuestras oraciones deberían ser para bendecir, y no para hacer daño. Todas nuestras actitudes deberían ser para edificar a nuestros hermanos y hermanas, y no para derribarlos. El Salmo 19:14 nos enseña: "Sean gratos los dichos de mi boca y la meditación de mi corazón delante de ti, oh Jehová, roca mía, y redentor mío".

12. **Pactos no escriturales.** No es escritural estar unido por pacto con personas que están al lado de fuerzas que son malvadas y ajenas a Dios. Éxodo 20:3 dice: "No tendrás dioses ajenos delante de mí". Cuando nos unimos a nosotros mismos con otros que no son cristianos, entonces aceptamos sus dioses mediante ese pacto. Un ejemplo concreto es la participación en la masonería o en cualquier sociedad secreta.

EJEMPLOS HISTÓRICOS
DE MALDICIONES

La historia registra para nosotros muchos ejemplos de maldiciones o ciclos generacionales y los resultados de ellos. Los judíos llevan sobre su país una maldición autoimpuesta, pues la Biblia narra que Pilato preguntó: "¿Qué, pues, haré de Jesús...". La multitud judía dijo: "¡Sea crucificado!". Pilato dijo: "Inocente soy yo de la sangre de este justo; allá vosotros". La multitud judía respondió: "Su sangre sea sobre nosotros, y sobre nuestros hijos" (Mateo 27:25). El padre de Jacob, Isaac, proclamó una bendición que, hasta el día de hoy, es la protección de Dios contra el anti semitismo. "Sírvante pueblos, y naciones se inclinen a ti; sé señor de tus hermanos, y se inclinen ante ti los hijos de tu madre. Malditos los que te maldijeren, y benditos los que te bendijeren".

Otra historia real implica a dos familias norteamericanas cuyas generaciones han sido localizadas.

Max Jukes fue un ateo que se casó con una mujer piadosa. Se localizaron unos 560 descencientes:

- 310 murieron en la pobreza
- 150 fueron delincuentes
- 7 fueron asesinados
- 100 fueron alcohólicos reconocidos
- Más de la mitad de las mujeres fueron prostitutas

Los descendientes de Max Jukes cuestan al gobierno de los Estados Unidos más de 1.25 millones de dólares en dólares del siglo XIX.

Jonathan Edwards fue contemporáneo de Max Jukes. Él era un cristiano comprometido que puso a Dios en primer lugar en su vida. Se casó con una mujer piadosa, y se localizaron unos 1.394 descendientes:

- 295 se graduaron en la universidad, de los cuales 13 llegaron a ser presidentes universitarios y 65 profesores

- 3 fueron elegidos como senadores de los Estados Unidos
- 3 fueron elegidos como gobernadores de estados
- 30 fueron jueces
- 100 fueron abogados (uno fue el decano de una escuela médica)
- 75 llegaron a ser oficiales en el ejército
- 100 fueron conocidos misioneros, predicadores y escritores prominentes
- 80 ocuparon algún tipo de puesto público
- 3 fueron alcaldes de ciudades importantes
- 1 fue interventor de Hacienda de los Estados Unidos
- 1 fue vicepresidente de los Estados Unidos

Qué gran diferencia hubo en la descendencia de aquellos dos hombres. Cuando por primera vez comencé a ver la verdad sobre romper maldiciones generacionales, de inmediato pensé en la influencia que habría tenido no solo sobre mí, sino también sobre mi futura descendencia. Quiero bendecir a mis hijos, nietos y futuras generaciones, y no transmitir maldiciones generacionales. ¿Y tú?

1. Gibson, Noel & Phyl. Evicting Demonic Squatters and Breaking Bondages. (Freedom in Christ Ministries, 1987).

IRA
FRACASO MATRIMONIAL
ENAJENACÍÓN FAMILIAR
DIVORCIO
CÁNCER
PROPENSO A ACCIDENTES
DEPRESIÓN
DROGAS
ABUSO EN LA NIÑEZ
ENFERMEDAD CRÓNICA
SUICIDIO
ATAQUES AL CORAZÓN
MIEDO
DIABETES
DEBILIDAD MENTAL
PROBLEMAS FINANCIEROS
ABORTOS
PREOCUPACIÓN
POBREZA
PÉRDIDAS DE EMBARAZOS
ALCOHOLISMO
LAZOS DEL ALMA
DEFECTOS CONGÉNITOS
AUTOIMAGEN POBRE
MENSTRUACIÓN DOLOROSA
DIOSES FALSOS / OCULTISMO
PALABRAS NEGATIVAS
DESHONRA A LOS PADRES
NO RESPETO A LA AUTORIDAD
ADULTERIO / SEXO ANTINATURAL
MALDICIONES AUTOIMPUESTAS
INJUSTICIA AL DESAMPARADO
MASONERÍA
CONFIANZA EN LO CARNAL
PACTOS NO ESCRITURALES
ROBO
ORACIONES SENSUALES / CHISME
TACAÑO CON DIOS
BRUJERÍA / HORÓSCOPO

Segunda parte

Libre de la maldición

RECONOCER EL PROBLEMA

Existen dos actitudes que hacen extremadamente difícil librarse de un problema: 1) no saber que tenemos un problema, y 2) negarnos a admitir que tenemos un problema. Todos somos orgullosos, mientras que algunos de nosotros somos más insistentes que otros en que no tenemos un problema. Jeremías 17:9 nos dice: "Engañoso es el corazón más que todas las cosas, y perverso; ¿quién lo conocerá?". Tenemos que saber que podríamos tener iniquidades operando en nuestras vidas y no ser conscientes de ellas debido a nuestros corazones engañosos.

Yo creo que debemos estar preparados para escuchar observaciones de otras personas, o nunca seremos capaces de reconocer problemas en nuestras propias vidas. Hay algo en la naturaleza humana que siempre pondrá excusas para tapar las grandes necesidades en nuestras vidas. Yo lo llamo autoengaño. Proverbios 18:1 describe bien esta actitud: "Su deseo busca el que se desvía, y se entremete en todo negocio".

Cuando encontramos una verdad en la Palabra, necesitamos asimilarla de inmediato y ver cómo podemos hacer que funcione por medio de Él. Por eso Proverbios 18:10 nos anima a correr al Señor: "Torre fuerte es el nombre de Jehová; a él correrá el justo, y será levantado". Los versículos 14 y 15 continúan: "El ánimo del hombre soportará su enfermedad; mas ¿quién soportará al ánimo angustiado? El corazón del entendido adquiere sabiduría; y el oído de los sabios busca la ciencia". La solución final es ser libre y caminar en libertad toda nuestra vida.

Hebreos 5:2 habla de sacerdotes terrenales, pero también señala un hecho significativo sobre las personas en general: "Para que se muestre paciente con los ignorantes y extraviados, puesto que él también está rodeado de debilidad". ¿Has comprendido el significado de este versículo? Revela dos puntos: 1) somos ignorantes de nuestros problemas, y 2) debido a esa ignorancia seguimos estando extraviados. No dice que somos estúpidos; simplemente dice que no somos conscientes del problema. La respuesta es que debemos reconocer el problema.

La definición de reconocer, según el diccionario, es "saber a causa de haber visto o conocido antes". Al leer esta definición, sabemos que necesitamos algo de ayuda de Dios y su Palabra porque Dios ha "visto o conocido" antes. Necesitamos el conocimiento de Él para poder reconocer qué es a lo que nos enfrentamos.

MALDICIONES ADQUIRIDAS EN LA NIÑEZ

Las iniquidades que provienen de nuestra niñez a menudo son suprimidas por nuestra mente. Tanto mi esposo como yo hemos tenido muchas cosas que han surgido al hablar sobre cosas que sucedieron cuando éramos niños. Él creció al oeste de Carolina del Norte, en las montañas Smoky, y es el producto de la cultura que tiene predominio allí. Yo crecí en las estribaciones de los Ozarks en Arkansas y soy, desde luego, un producto de la cultura de allí. En nuestro matrimonio, hablamos el uno con el otro abiertamente, y siempre lo hemos hecho. Algunos esposos y esposas hablan muy poco, pero nosotros somos afortunados de que, aun cuando éramos novios, hablábamos y compartíamos el uno con el otro constantemente. Debido a eso, hemos reconocido iniquidades el uno en el otro y, por tanto, nos hemos hablado el uno al otro de esa revelación.

Mi esposo siempre ha admitido una iniquidad de orgullo en su familia. Debido a la época en la cual creció, había más carencia en la tierra que provisiones, y casi lo único que había para jactarse era el orgullo; por tanto, ese era uno de los puntos fuertes de su familia. Él siempre ha respondido a eso con el pasaje de Proverbios 11:2: "Cuando viene la soberbia, viene también la deshonra; mas con los humildes está la sabiduría". Hasta el día de hoy él lucha por se humilde para que Dios le recompense con sabiduría.

Proverbios 16:18-19 lo expresa muy bien:

"Antes del quebrantamiento es la soberbia, y antes de la caída la altivez de espíritu. Mejor es humillar el espíritu con los humildes que repartir despojos con los soberbios".

Esta iniquidad tenía que ser quebrantada en él, al igual que la iniquidad de la pobreza.

Mi familia era un estudio de diferentes culturas. Mi mamá nació de padre alemán y madre de descendencia inglesa; su papá era una figura muy dominante y expresaba libremente su opinión. Mi mamá era también así en cierto grado.

Mi papá nació de padre inglés y madre india cherokee; él era de alguna manera como su mamá: bastante reservado y no muy hablador.

Como podrás imaginar, el matrimonio entre mi mamá y mi papá era una combinación bastante peculiar. Mamá siempre era bastante abierta y hablaba mucho; era difícil saber lo que papá pensaba y nunca hablaba mucho. Sin embargo, vivieron una vida satisfactoria, estuvieron casados por más de setenta años y criaron a cinco hijos.

En mi propia vida de casada descubrí iniquidades en mi propia vida que provenían de esos antepasados. Lo más obvio era el orgullo, probablemente arraigado en mi abuelo por parte de mi mamá que, siendo alemán, era bastante orgulloso. Yo siempre había pensado que era una debilidad pedir disculpas y decir "lo siento", así que yo nunca pedía disculpas. Después de casarnos descubrí lo que yo tenía que hacer para romper esa iniquidad en mí. Estaba cocinando la cena, y mi esposo y dos niños estaban en lo que llamábamos "el cuarto Florida" viendo un programa especial de televisión que les gustaba. Yo sentía que no me apreciaban, y tenía envidia del tiempo tan bueno que parecían estar pasando.

En ese punto podría haber tomado la decisión de pedir a mi esposo que viniera a ayudarme, y él lo habría hecho; pero en lugar de eso decidí darme a mí misma una "fiesta de compasión", y entré en el cuarto Florida informando a los tres de que no iba a terminar de hacer la cena. Mi esposo levantó la vista y dijo con amabilidad: "Estás muy cansada. Vete a descansar a tu cuarto y yo terminaré de hacer la cena".

Yo di un portazo al retirarme a mi cuarto y, fiel a su palabra, él terminó la cena sin decir ni una sola palabra más; dio de cenar a los niños, les ayudó con sus deberes y les permitió ver un programa más antes de llevarlos a la cama.

Mientras tanto, yo estaba finalizando mi fiesta de compasión en mi cuarto allí sola cuando el Señor me dijo que fuera a disculparme con mi esposo. Es realmente patético cuando uno tiene más de treinta años de edad y no es capaz de recordar haberle dicho nunca a nadie que lo siente. Cuando llegué a la cocina, él estaba allí delante del fregadero, lavando los platos (pues en aquel tiempo no teníamos lavavajillas) con lágrimas en sus ojos porque yo simplemente no me sentía bien. En ese punto yo habría tenido que levantar mi vista para ver la parte de debajo del pie de alguien... ¿Cuán bajo puede uno caer?

Aquella fue la primera vez en que yo pedí disculpas honesta y completamente. Toda esa situación surgió a causa de una iniquidad.

Yo reconocí las iniquidades que estaban escondidas en mi vida, y tomé responsabilidad por ellas.

Espero que tú reconozcas cualquier iniquidad que pueda estar escondida en tu vida. Reconócela, arrepiéntete de ella, renuncia a ella y ora para ser libre.

MALDICIONES QUE ENTORPECEN MATRIMONIOS

Hemos descubierto al ministrar a matrimonios que muchas veces sus problemas provienen de su niñez y de diferencias culturales. Esto resultó especialmente cierto hace algunos años cuando mi esposo y yo estábamos ministrando en otro estado. Algunos de los miembros de la iglesia eran de otra nacionalidad y habían sido criados en sus culturas y sus creencias. Algunos de ellos se habían casado con personas de nacionalidad distinta, cuya cultura no estaba en absoluto en línea con la de ellos. Surgieron problemas, y nosotros nos enfrentamos a tener que tratar esas situaciones.

Una de las parejas a las que aconsejamos (los llamaré Bill y Jane) parecían tener más problemas de lo normal. Jane, que había sido criada en una cultura, comenzó a salir con Bill, que había sido educado en un país diferente. Se enamoraron y se casaron. El papá de Jane no aprobó que Bill se casara con su muchachita y eso, a su vez, causó más problemas. Jane era una cristiana nominal cuando ellos comenzaron a salir, y Bill no lo era. Después de casarse, surgieron muchos problemas de comunicación, algunos de ellos simplemente debido a tener que hablar en inglés el uno con el otro porque sus lenguas maternas no eran la misma. Finalmente, después de seis u ocho tormentosos años, Jane acudió a nosotros para ver qué podría hacerse en su situación. Hablamos con Bill, y parecía que sus diferencias eran insuperables; sin embargo, con Dios todas las cosas son posibles, así que le dimos ánimo y le dijimos que si quería que su matrimonio funcionase él tendría que ser salvo y cambiar su vida. Al domingo siguiente en la iglesia, él hizo justamente eso y pasó al frente para ser gloriosamente salvo. ¡Gloria a Dios! Se había producido un milagro. Pensamos que esa sería la solución a los problemas, pero era solamente el comienzo.

Algunos de los zelotes en la iglesia (todos sinceros y con buena intención) intentaron disciplinarlo. Ellos señalaron pasajes concretos de la Escritura, como Gálatas 3:26-28: "Pues todos sois hijos de Dios por la fe en Cristo Jesús; porque todos los que habéis sido bautizados en Cristo, de Cristo estáis revestidos. Ya no hay judío ni griego; no hay esclavo ni libre; no hay varón ni mujer; porque todos vosotros sois uno en Cristo Jesús".

Este pasaje decía que no había diferencia entre varón y mujer. Esta enseñanza fue una sorpresa para este hombre, porque en su cultura el hombre controlaba los actos de su esposa. Los mentores de este hombre le habían mostrado ese pasaje para hacerle comprender que su esposa también era importante ante los ojos de Dios; sin embargo, lo que él entendió fue que su cultura estaba completamente equivocada, así que decidió dar un giro a las cosas 180 grados. Debido a eso, el péndulo osciló demasiado en la dirección contraria.

Bill era un buen trabajador, y trabajaba en una ciudad cercana volviendo a pavimentar calles a pleno sol. Le pagaban cada semana, y nunca le daba a Jane nada de dinero hasta que llegaba a casa, y entonces le daba apenas lo suficiente para cubrir las necesidades básicas. El resto del dinero se lo gastaba como a él le parecía en cualquier cosa que le agradara, tal como había estado acostumbrado a hacer toda su vida. Ahora, con ese nuevo pasaje bíblico que le habían dado, él supo que había hecho mal, así que le dijo a Jane que se reuniera con él en cierta calle donde estaría trabajando cuando recibiera su paga semanal. Desde luego, ella acudió allí y él le entregó toda la paga.

Ella no estaba acostumbrada a tener tanto dinero y, al igual que una niña pequeña, se fue de compras y compró todas las cosas que había querido por tiempo, fuera que las necesitara o no. Cuando llegó a su casa aquella noche, comprendió que ninguno de ellos tenía dinero para pasar la semana. Algunos amables miembros de la iglesia les dieron algunas provisiones, pero a la semana siguiente se repitió la misma escena. Eso había estado sucediendo por tres semanas antes de que yo descubriera lo que estaba ocurriendo. De inmediato convoqué una reunión para los dos, pues ellos se atacaban el uno al otro.

—¿Por qué tomaste todo el dinero y lo gastaste?—le pregunté a Jane.

—Él me lo dio—dijo con gesto mohíno—. Además, él ha estado gastando el dinero por años y yo pensé que era mi oportunidad para ajustar cuentas.

Jane también había crecido en una cultura dominada por el hombre, y nunca le habían dado dinero a excepción de cierta cantidad para comprar una cosa concreta. Bill estaba intentando cambiar, pero no tenía la menor idea de cómo amar a alguien y ser un ayudador. Los dos estaban equivocados y, sin embargo, ninguno tenía la culpa porque sus problemas se derivaban de una iniquidad en sus vidas que ellos no habían distinguido, admitido ni buscado ayuda en cuanto a ella.

Al señalarles eso, ambos lo comprendieron y, con la ayuda de Dios, comenzaron a arrepentirse, renunciaron y oraron por una liberación completa de todas las maldiciones generacionales. El primer paso siempre es reconocer que hay un problema. Después de que se reconoce el problema, entonces debe llegar el arrepentimiento, y arrepentirse significa darse la vuelta, y no solo decir lo siento. Ese darse la vuelta también puede ser un problema, como descubrimos en esta situación en particular. El darse la vuelta de un problema dio como resultado afrontar otro problema completamente distinto. Esa es precisamente la razón por la cual necesitamos reconocerlo como una maldición generacional, o iniquidad, y romperla de una vez para siempre.

MALDICIONES ADQUIRIDAS
POR LA CULTURA

Hace algunos años estábamos ministrando en una de las islas del Caribe, donde encontramos abundantes maldiciones debido a la cultura. Durante aquel tiempo íbamos a las islas unas cuatro veces al año y ministrábamos mediante grupos de oración, iglesias, conferencias de mujeres Aglow y de Hombres de Negocios del ministerio completo. Al investigar la historia de la isla, descubrimos que cuando Colón llegó a América en el año 1492 probablemente desembarcase en una de esas islas. Él informó de que había una isla deshabitada con grandes tortugas marinas por todas partes (incluso actualmente sigue habiendo grandes tortugas allí).

Como la isla no tenía pueblos nativos, cuando la piratería estaba en su mayor apogeo esta isla fue un refugio para los piratas, ya que el único acceso a la isla estaba en el lado sur y ellos podían estar protegidos. Los barcos que venían de oriente chocaban contra los arrecifes de corales y se hundían. El lado norte no tenía profundidad suficiente para que los barcos entraran, y el puerto que ahora está en el extremo oeste de la isla no había sido construido en aquella época. Los resultados fueron que los piratas tomaron la isla como su escondite, y la iniquidad traspasada a lo largo de los últimos cuatrocientos o quinientos años sigue teniendo efecto sobre los residentes más antiguos.

Una de las maldiciones más extendidas es la esterilidad entre las mujeres en edad de tener hijos. En su cultura, tener hijos es lo más importante en todas las familias; sienten que es necesario tener hijos para hacer que sus vidas sean completas. Al final de las reuniones o servicios en la iglesia, era mi costumbre pedir que cualquiera de las mujeres que deseara tener hijos pasara al frente para recibir oración, y parecía que siempre había varias. Mi esposo y yo imponíamos nuestras manos sobre ellas, rompiendo la iniquidad, y orábamos para que cada una de ellas fuera fructífera. Dios honró nuestras oraciones, y el índice de éxito fue fenomenal.

En uno de nuestros viajes a las islas, estábamos cenando con una pareja de Inglaterra que vivía allí. Ellos habían invitado a una pareja que no era creyente a que cenasen con nosotros para que pudiéramos tener la oportunidad de testificarles y ver lo que Dios haría. La cena iba muy bien, les habíamos testificado, y ellos estaban recibiendo todas las cosas que habíamos dicho cuando llamaron con fuerza a la puerta. Inmediatamente la puerta se abrió de par en par y entró una mujer grande que obviamente estaba embarazada. Yo la reconocí como una de las mujeres por las que habíamos orado seis meses antes cuando hicimos nuestro viaje a la isla.

"Hermano Clouse—ella prácticamente gritaba al entrar apresuradamente y le ofreció una gran sonrisa a mi esposo—, usted es quien me hizo estar embarazada". Yo me reí a carcajadas y luego intenté explicar a nuestros invitados lo que ella quería decir. La mujer que traía la noticia parecía perpleja y no se callaba, ya que estaba muy emocionada con su glorioso anuncio.

Otro encuentro con la esterilidad se produjo con una muy buena amiga mía de Suecia que vivía en la isla. Ella había conocido a un caballero norteamericano, y se enamoraron y se casaron. Él había estado casado anteriormente y tenía hijos ya adultos de un matrimonio previo. Ella nunca había tenido hijos y quería tener uno con desesperación. Ella compartió eso conmigo en una reunión de mujeres de Aglow en la que yo participaba. Yo rompí todas las maldiciones en ella y oré por sanidad de todos sus órganos internos. Ella lloró mucho, pues sentía que era demasiado vieja para concebir, pues casi había pasado la edad de concebir hijos.

Después de la oración ella tuvo que ir al lavabo de mujeres, y comenzó a expulsar una sustancia marrón. Ella dijo que era como si un médico le hubiera raspado el vientre; estaba emocionada y llena de esperanza. Ese mismo mes se quedó embarazada: ¡a Dios sea la gloria! Nosotros regresamos a la isla justamente nueve meses después y estuvimos allí con la hermosa bebé que había nacido. Dios es poderoso para hacer todo mucho más abundantemente de lo que pedimos o entendemos.

Las cosas en mi vida cambiaron durante aquel tiempo y ya no pude regresar a la isla. Aunque no pudimos regresar y verlo con nuestros propios ojos, hemos recibido noticias por medio de amigos mutuos de que aquella niña ha crecido y ha llegado a la madurez. Dios es muy bueno, y su intención es bendecirnos en todas las situaciones. La parte triste de la historia fue que el papá murió de un ataque al corazón, pero llegó a ver a su hermosa hija durante sus tres primeros años de vida.

MALDICIONES CAUSADAS POR EL VUDÚ Y LA BRUJERÍA

Cuanto más ministramos en el Caribe, más reconocimos los resultados de las iniquidades que habían sido traspasadas durante generaciones. Algunos de nuestros hermanos nacidos en África llegaron a la isla, y también llegaron algunas de las maldiciones del vudú. El vudú que se practica en la isla se denomina obia, y se ha sabido que incluye tanto el sacrificio humano como el sacrificio de animales. Los órganos internos de pollos, al igual que de los pequeños animales, se utilizan en sus rituales para hechizar y para muchas otras prácticas.

Con la historia del vudú y de los piratas, reconocimos "la maldición del mar" conforme cayó en algunas personas. Una adolescente de la isla, una joven de quizá unos diecinueve años de edad, tenía la piel toda escamada, y se parecía más a las escamas de los peces que a piel. Los habitantes locales decían que eso era debido a la maldición del mar. Las ataduras parecían ser galopantes, pero lo bueno es que en cuanto las personas recibían revelación, aceptaban la corrección y sometían sus vidas a Dios.

Una de las cosas interesantes que se manifestaron sucedió cuando hicimos un viaje al extremo oriental de la isla. Aquella área estaba bastante deprimida y era totalmente diferente al extremo occidental, donde está situado el puerto. La gente de aquella área no tenía ningún tipo de cuidado sanitario en aquel tiempo, y muchas necesidades eran evidentes. Algunos de los residentes cristianos en la ciudad del occidente hacían un viaje cada semana al extremo oriental de la isla para llevar alimentos y otras cosas a las familias necesitadas. Mi esposo y yo hicimos ese viaje muchas veces, y orábamos por la gente a la vez que les entregábamos los alimentos.

En uno de esos viajes vimos una cabaña que estaba bastante oculta de la carretera. Tuvimos que caminar bastante hasta llegar a la casa, cada uno de nosotros llevando una bolsa de alimentos. Cuando subimos por las rocas de coral hasta la puerta de entrada, parecía como si no hubiera nadie en casa. Cuando la gente de la isla estaba en su casa, normalmente dejaba abierta la puerta de entrada; sin embargo, nuestra guía (la llamaré Ginny) insistió en que la señora estaba en casa. Ella era madre soltera y tenía cinco hijos, y uno de ellos tenía problemas importantes. Ginny dijo que él tenía unos seis años de edad, y ella sentía que deberíamos hacer un esfuerzo supremo para orar por él.

Llamamos a la puerta y una vivaz voz femenina respondió de inmediato:

—Estaré ahí en un momento.

La puerta se abrió enseguida de par en par, dejando ver una habitación vacía que tenía solamente un desgastado sofá. Ginny sonrió y dijo:

—Los evangelistas de los Estados Unidos están aquí. Tenemos algunos alimentos para usted y ellos desearían orar por su hijo.

En ese punto yo vi al niño gateando por la habitación hacia la puerta con una mirada salvaje en sus ojos. No solo sus ojos tenían ese aspecto salvaje, sino que todo lo demás de él también tenía ese aspecto. Él estaba a cuatro patas —manos y pies— actuando para todos como un animal salvaje. La mamá inmediatamente cerró la puerta para que él no se escapara de la casa. Lo único en que yo podía pensar era: "¡Pobre y precioso niño!". Mi esposo más tarde dijo que lo único en que él podía pensar era: "Eso no es un niño; podría tener el aspecto de un niño según mis ojos, pero en realidad es más un mono u otro pequeño animal que un niño".

Ginny estaba decidida a agarrar al muchacho para que pudiéramos orar por él, así que agarró las piernas del niño cuando él se acercó a la puerta, pero él la evadió haciendo círculos por la habitación a pleno galope. "Ayúdeme a agarrarlo", le dijo a mi esposo, y él de inmediato se unió a la persecución. En aquel punto mis ojos vieron cosas sobre las que aún tengo dudas y que no puedo explicar completamente. Mientras ellos perseguían a aquel muchachito alrededor de la habitación, él seguía evadiéndolos. Cuando ellos le arrinconaban y estaban seguros de atraparlo, él literalmente se subía por la pared, cruzaba la habitación y volvía a bajar al piso. La mamá se la pasaba lamentándose e intentando hacer que se detuviera para que pudiéramos orar por él.

Cuando finalmente pareció como si nunca fueran a agarrarlo, Ginny lo tomó por uno de sus pies. Mi esposo enseguida agarró el otro, y entonces yo inmediatamente me metí y oré para que la paz de Jesús descendiese sobre él. En cuestión de minutos él se calmó y me sonrió; su mamá dijo que él nunca había podido hablar y que siempre estaba salvaje, pero no tanto como lo había estado aquel día. En un periodo de diez minutos él estaba sentado en el sofá conmigo mientras yo le contaba una historia sobre Jesús; él hasta llegó a repetir conmigo la palabra "Jesús" cuando le animé a hacerlo. Nunca supimos con seguridad cuál era la fortaleza demoníaca en su vida, pero sí sabemos que Jesús lo tocó aquel día.

Cuando finalizamos nuestra visita, la mamá del niño fue hasta la puerta con nosotros y luego comenzamos nuestra caminata hasta la carretera principal, donde habíamos dejado el auto. Cuando miramos atrás, ella y su pequeño estaban juntos en la puerta diciéndonos adiós. Ahora la puerta podía dejarse abierta, pues ya no estaba el pequeño y salvaje muchacho parecido a un animal que había estado allí cuando llegamos. Había pasado menos de una hora y, sin embargo, sus vidas habían sido cambiadas.

Cuando nos acercamos al auto vimos a una señora allí que tenía en sus brazos a una niña pequeña. La niña estaba como muerta en sus brazos, y quizá tendría unos dos años de edad. Sobre su cabeza había un paño blanco, atado por los cuatro extremos, y podía verse que estaba húmedo.

—¿Están orando hoy ustedes por los enfermos?—preguntó.

—Claro que sí—respondí yo de inmediato—. ¿Qué le sucede a su bebé?

—Tiene fiebre.

—¿Qué es ese trapo que tiene en la cabeza?—le pregunté por curiosidad.

—Es simplemente un pañuelo—respondió su mamá—. Puse salvia en él y se lo puse en la cabeza para aliviarle la fiebre. (No lo sabemos con seguridad, pero asumimos que la salvia era vaselina o Vicks.)

Cuando con suavidad puse mi mano en la frente de la niña, pude sentir el calor y pensé para mí misma que su temperatura sería al menos de cuarenta grados o más. Reprendí a la fiebre en el nombre de Jesús, rompí maldiciones generacionales, y oré por una completa sanidad desde su cabeza hasta sus pies.

Inmediatamente su mamá dijo: "¡Amén!", bajó al piso a la niña y le dijo: "Vamos, corre y juega". La niñita se escabulló hasta donde estaban sus hermanos y hermanas. Siendo norteamericana, yo quería decir: "Espere un momento, y veamos si la fiebre se ha ido", pero de alguna manera supe que eso no era lo correcto. La mamá había bajado a la niña en fe, sin dudar en ningún momento de que ella había sanado. Nosotros, en Norteamérica, necesitamos aprender esa lección.

ECHA TUS REDES

El Señor me mostró un pasaje de la Escritura el otro día que me reveló el corazón de Él. En Lucas 5:4 Él hablaba a las multitudes. Comenzando en el versículo 4 la Biblia dice: "Cuando terminó de hablar, dijo a Simón: Boga mar adentro, y echad vuestras redes para pescar. Respondiendo Simón, le dijo: Maestro, toda la noche

hemos estado trabajando, y nada hemos pescado; mas en tu palabra echaré la red". Observarás que Jesús dijo que echara las redes,
en plural, y Pedro dijo que él echaría la red, en singular.

Continuemos en los versículos 6 y 7: "Y habiéndolo hecho,
encerraron gran cantidad de peces, y su red (de nuevo en singular)
se rompía. Entonces hicieron señas a los compañeros que estaban
en la otra barca, para que viniesen a ayudarles; y vinieron, y llena-
ron ambas barcas, de tal manera que se hundían".

Jesús intentó decirles que necesitaban más de una red; sin embargo, aunque ellos obedecieron solo parcialmente al Señor, Él hizo
mucho más abundantemente de lo que ellos eran capaces de imaginar. ¿No es así como obra Dios? Él siempre hace más de lo que nosotros pensamos que hará; y no solo eso, sino que Él no es reivindica-
tivo y no nos reprende cuando carecemos de una fe completa.

El punto clave de esto se encuentra en el versículo 8: "Viendo
esto Simón Pedro, cayó de rodillas ante Jesús, diciendo: Apártate
de mí, Señor, porque soy hombre pecador".

Él tuvo una revelación y quedó sorprendido por la cantidad de
peces que habían pescado. Jesús le respondió y dijo: "No temas", y
eso es lo que Él sigue diciéndonos en la actualidad. No temas; simplemente recibe la revelación, rompe maldiciones generacionales y
líbrate de las iniquidades, y camina en victoria el resto de tu vida.

Eso me recuerda Proverbios 5:21-23:

"Porque los caminos del hombre están ante los ojos de
Jehová, y él considera todas sus veredas. Prenderán al impío
sus propias iniquidades, y retenido será con las cuerdas de
su pecado. El morirá por falta de corrección, y errará por lo
inmenso de su locura".

Qué bendición es ver a los nativos de la isla recibir del Señor a
medida que sus iniquidades les son reveladas.

ARREPENTIRSE
DEL PECADO

6

Muchas personas le dicen a Dios que lo sienten; hasta van al altar y claman, y le piden que les perdone, lo cual Él hace. Pero después ellos no dan la espalda al pecado que cometieron, y el resultado es iniquidad.

Un pecado que se comete repetidamente se convierte en una iniquidad que puede ser traspasada por medio de la línea de sangre. Cuando una persona continuamente infringe la ley, se crea iniquidad en ella y esa iniquidad es traspasada a sus hijos. La descendencia tendrá una debilidad (o tendencia) hacia el mismo tipo de pecado, en especial bajo ciertas circunstancias. Cada generación añade a la iniquidad global, debilitando aún más la resistencia al pecado de la siguiente generación. A medida que la resistencia es debilitada, el pecado se vuelve cada vez peor. Los actos de pecado son espontáneos, automáticos y habituales. La historia nos dice que la depravación del hombre continúa empeorando, a menos que Dios llegue y cambie esa vida. Se necesita la sangre de Jesús para limpiarnos, o continuaremos nuestro descenso hacia abajo.

El arrepentimiento (volvernos del pecado) debe producirse si queremos ser libres y nunca enfrentarnos otra vez a la iniquidad. Arrepentirse significa pedir perdón, al igual que dejar de pecar, dar un giro de 180 grados y dirigirse hacia la dirección opuesta. Dios no considera suficiente simplemente pedir perdón por el pecado; Él también requiere que le demos la espalda a ese pecado.

Dios nos ha mostrado en el Antiguo Testamento, en muchos pasajes, la importancia de arrepentirse de las iniquidades. Leemos en 2 Crónicas 7:14: "Si se humillare mi pueblo, sobre el cual mi nombre es invocado, y oraren, y buscaren mi rostro, y se convirtieren de sus malos caminos; entonces yo oiré desde los cielos, y perdonaré sus pecados, y sanaré su tierra". Si nosotros hacemos nuestra parte, entonces Él perdonará el pecado, el cual a su vez se libra de la iniquidad. ¡Vaya trato que Él nos ha ofrecido! Si conocemos su promesa, ¿por qué siempre dejamos de cumplir los requisitos?

Un ejemplo de alguien que se arrepiente de las iniquidades de toda la nación está en el libro de Daniel. Daniel era un joven que había sido llevado cautivo y hecho eunuco, lo cual significaba que nunca se casaría ni sería padre de familia. Él no había pecado; él no se había revelado; sin embargo, en su oración a Dios dijo: "nosotros" hemos pecado. No dijo: "los reyes, los príncipes y los padre han pecado"; dijo: "nosotros" hemos pecado.

"En el año primero de su reinado, yo Daniel miré atentamente en los libros el número de los años de que habló Jehová al profeta Jeremías, que habían de cumplirse las desolaciones de Jerusalén en setenta años. Y volví mi rostro a Dios el Señor, buscándole en oración y ruego, en ayuno, cilicio y ceniza. Y oré a Jehová mi Dios e hice confesión diciendo: Ahora, Señor, Dios grande, digno de ser temido, que guardas el pacto y la misericordia con los que te aman y guardan tus mandamientos; hemos pecado, hemos cometido iniquidad, hemos hecho impíamente, y hemos sido rebeldes, y nos hemos apartado de tus mandamientos y de tus ordenanzas. No hemos obedecido a tus siervos los profetas, que en tu nombre hablaron a nuestros reyes, a nuestros príncipes, a nuestros padres y a todo el pueblo de la tierra. Tuya es, Señor, la justicia, y nuestra la confusión de rostro, como en el día de hoy lleva todo hombre de Judá, los moradores de Jerusalén, y todo Israel, los de cerca y los de lejos, en todas las tierras adonde los has echado a causa de su rebelión con que se rebelaron contra ti. Oh Jehová, nuestra es la confusión de rostro, de nuestros reyes, de nuestros príncipes y de nuestros padres; porque contra ti pecamos. De Jehová nuestro Dios es el tener misericordia y el perdonar, aunque contra él nos hemos rebelado, y no obedecimos a la voz de Jehová nuestro Dios, para andar en sus leyes que él puso delante de nosotros por medio de sus siervos los profetas. Todo Israel traspasó tu ley apartándose para no obedecer tu voz; por lo cual ha caído sobre nosotros la maldición y el juramento que está escrito en la ley de Moisés, siervo de Dios; porque contra él pecamos."

—DANIEL 9:2–11

Daniel estaba ayunando y orando para romper la iniquidad del pueblo por causa del cual él estaba cautivo. Había leído la profecía de Jeremías y sabía, por la lectura de ella, que era el tiempo para que el pueblo saliera de la esclavitud. Entonces concluyó: "Oye, Señor; oh Señor, perdona; presta oído, Señor, y hazlo; no tardes, por amor de ti mismo, Dios mío; porque tu nombre es invocado sobre tu ciudad y sobre tu pueblo" (v. 19).

A causa de esta oración, el ángel Gabriel respondió y dijo: "Daniel, ahora he salido para darte sabiduría y entendimiento. Al

principio de tus ruegos fue dada la orden, y yo he venido para ense-
ñártela, porque tú eres muy amado. Entiende, pues, la orden, y
entiende la visión" (v. 22-23).

Entonces Gabriel le dijo la respuesta de Dios a su petición:
"Setenta semanas están determinadas sobre tu pueblo y sobre tu
santa ciudad, para terminar la prevaricación, y poner fin al pecado,
y expiar la iniquidad". Y sí, Israel fue liberado de la esclavitud. El
Señor se aseguró de que este relato fuese incluido en la Biblia, para
que así nosotros supiéramos qué hacer cuando estamos en cautivi-
dad. Él nos dio una pauta a seguir de modo que supiéramos cómo
orar y ser liberados de la esclavitud.

EL ARREPENTIMIENTO DE NEHEMÍAS

Es importante comprender que Dios no nos culpa por los pecados
de nuestros padres; sin embargo, sí que sufrimos las consecuencias
del pecado de ellos. Nehemías confesó tanto sus propios pecados
como los pecados de la casa de su padre cuando él ayunó y oró
delante de Dios.

> "Y dije: Te ruego, oh Jehová, Dios de los cielos, fuerte,
> grande y temible, que guarda el pacto y la misericordia a los
> que le aman y guardan sus mandamientos; esté ahora aten-
> to tu oído y abiertos tus ojos para oír la oración de tu sier-
> vo, que hago ahora delante de ti día y noche, por los hijos
> de Israel tus siervos; y confieso los pecados de los hijos de
> Israel que hemos cometido contra ti; sí, yo y la casa de mi
> padre hemos pecado."
>
> —NEHEMÍAS 1:5-6

Nehemías rogó: "Oh Dios, ten misericordia de nosotros".
Nehemías podría haber dicho: "¡Yo no hice nada malo! No tengo

que confesar las cosas que ellos hicieron". Pero él reconoció el misterio de la iniquidad obrando en la línea de sangre. Nehemías comprendió que él tenía una inclinación hacia la iniquidad de la cual sus padres y la nación de Israel eran culpables.

Nehemías confesó la iniquidad y después recordó a Dios su promesa:

"En extremo nos hemos corrompido contra ti, y no hemos guardado los mandamientos, estatutos y preceptos que diste a Moisés tu siervo. Acuérdate ahora de la palabra que diste a Moisés tu siervo, diciendo: Si vosotros pecareis, yo os dispersaré por los pueblos; pero si os volviereis a mí, y guardareis mis mandamientos, y los pusiereis por obra, aunque vuestra dispersión fuere hasta el extremo de los cielos, de allí os recogeré, y os traeré al lugar que escogí para hacer habitar allí mi nombre."

—vv. 7–9

Nehemías ayunó, oró y se arrepintió, diciendo: nosotros hemos pecado. El Señor prestó atención a esa oración y Nehemías fue enviado de vuelta a Judá. El arrepentimiento es una parte necesaria y debe producirse antes de que pueda llegar la libertad. Observa también que él le recordó a Dios su palabra de que Él los haría regresar a su propia tierra. (Israel fue más próspero que nunca antes en la historia.)

Después de la oración de Nehemías, el rey de Persia le permitió regresar y reconstruir los muros y las puertas, e hizo provisiones de suministros y obreros para la reconstrucción. Cuando podemos utilizar el dinero del diablo para construir los muros y las puertas de nuestra ciudad, eso es verdadera prosperidad. Ellos terminaron la reconstrucción en cincuenta y dos días. El momento más próspero en la historia de Israel fue el periodo de los siguientes cuatrocientos años. ¿Por qué? Porque si encubres los pecados de tu familia no prosperarás, pero si confiesas tus pecados y los pecados de tu familia, tanto tú como tu familia prosperarán. Solamente hace falta una persona para cambiar el curso de la historia de toda una nación.

ARREPENTIMIENTO EN LA ACTUALIDAD

Un ejemplo de arrepentimiento en la actualidad y de pedir perdón es el realizado por el papa Juan Pablo II en el mes de marzo del año 2000. El segundo domingo de marzo, él pidió el perdón de Dios por pecados cometidos o consentidos por católico romanos durante los últimos dos mil años, incluyendo: sexismo, racismo, odio a los judíos y violencia en defensa de la fe católica. Él pidió a la Iglesia que entrase en el tercer milenio con una conciencia pura a la vez que intercedía en lugar de ellos por las víctimas, incluyendo: herejes, protestantes, judíos y otros no cristianos, inmigrantes, minorías étnicas, mujeres, niños que sufrieron abusos y también los no nacidos.

Varias veces durante ese día de la misa del perdón en la basílica de San Pedro, él dijo: "Perdonamos y pedimos perdón". Esta iniciativa del papa de ocasionar reconciliación fue bienvenida por la mayoría de la gente en todo el mundo. "Pedimos perdón por la división entre los cristianos, por el uso de la violencia que algunos cristianos han hecho en el servicio de la verdad y por las actitudes de desconfianza y hostilidad algunas veces adoptadas hacia los seguidores de otras religiones" (Fuente: *Orlando Sentinel*).

Ese arrepentimiento y petición de perdón por pecados cometidos durante los últimos dos mil años demuestra lo lejos que las iniquidades pueden ir. De hecho, pueden ir más lejos aún a menos que nos arrepintamos y rompamos el círculo. Se puede pensar en los pecados generacionales como en círculos, pues son justamente como una rueda, avanzando continuamente en círculo, dando vueltas y más vueltas, año tras año, hasta que son rotos por medio del poder de Dios.

PEDIR PERDÓN CONTRA ARREPENTIMIENTO

Narraré una historia de una mujer amiga mía y de su batalla con el pecado. Ella era salva, llena del Espíritu, e intentaba vivir para el Señor. Su esposo se había divorciado de ella, y ella crió a sus dos hijos lo mejor que pudo. Su historia nos muestra cómo el diablo intenta hacernos pensar que el arrepentimiento no es necesario.

Después de algunos años, sus hijos llegaron a adultos y se independizaron, y por eso ella decidió asistir a un seminario cristiano en una ciudad cercana. Era un seminario muy bueno, y ella disfrutaba de su vida. Al término de la sesión de la tarde, ella estaba en un restaurante cercano cuando entró un elegante caballero, buscando una mesa. Todas las mesas estaban ocupadas, así que él le preguntó si quería compartir la suya, ya que ella estaba sola. Ella le dijo que sí, y de hecho aceptó de buen grado la compañía, ya que últimamente se había sentido un poco sola. A medida que charlaban, descubrieron que tenían muchas cosas en común. Ambos asistían al mismo seminario, y ambos vivían en la misma ciudad cercana. Ella había llegado sola, y él también había llegado solo. Él estaba casado, pero a su esposa no le gustaban las conferencias religiosas y se había quedado en casa. De hecho, él le confió, su esposa y él tenían muy pocas cosas en común.

A los dos les trajeron su comida y siguieron disfrutando de la compañía mutua. Al pagar sus comidas él le preguntó dónde se quedaba ella; ella le dio el nombre del hotel y él dijo que estaba también en ese mismo hotel. Ambos regresaron caminando juntos, y después cada uno se fue a su respectiva habitación para descansar un poco y refrescarse antes de la siguiente sesión en el seminario.

Cuando ella salió de su habitación y fue hacia el ascensor para bajar, la puerta se abrió y ahí estaba él, de camino también a la reunión. Se saludaron afectuosamente y se fueron a la reunión. Los dos parecían llevarse bien, y hablaron de la reunión y de cada persona que ministraba; pronto se hicieron buenos amigos. Al final de la reunión aquella noche salieron a tomar algo, y cuanto más hablaban más cosas parecían tener en común. (La tentación es más fuerte cuando somos vulnerables, necesitamos compañía y llega la tentación adecuada). Cuando regresaron al hotel aquella noche, él la acompañó a su habitación y le dio un beso de buenas noches. Parecía ser lo más natural del mundo, pero ella sintió una punzada de culpabilidad.

A la mañana siguiente se reunieron para desayunar, pues los dos estaban ansiosos por verse otra vez. Después del desayuno regresaron al hotel, ya que no había reunión en la mañana. Una vez más él la acompañó hasta la puerta de su habitación, y ella le invitó a entrar para poder compartir un rato juntos. Al estar en la intimidad de la habitación del hotel sucedió lo inevitable: mantuvieron relaciones sexuales.

Después él se arrodilló al lado de la cama para orar y pedir a Dios que le perdonara. Ella también clamó y le pidió a Dios que la perdonara y la ayudara a no volver a cometer nunca más ese pecado. Él la miró a ella de modo extraño y dijo: "Le he pedido a Dios que me perdone y Él lo ha hecho. Eso es lo que hay que hacer". Luego bajaron, fueron a comer y seguidamente a la reunión. Ella lo pasó mal en la reunión, pues seguía recordando el pecado, pero él parecía tener su ánimo de siempre. Después de la reunión de la tarde él quiso regresar a la habitación de ella, pero ella no quiso permitírselo. Ella entró a su habitación sola, y volvió a llorar y a arrepentirse.

Después de la reunión aquella noche los dos volvieron a salir a cenar y, al regresar al hotel, él la convenció para volver a entrar en su habitación. Otra vez cayeron en pecado, y otra vez él se arrodilló al lado de la cama y pidió a Dios que le perdonara. Su teología no era en absoluto como la de ella.

—Si le pides a Dios que te perdone, Él es fiel y justo para perdonarte—declaró él con bastante énfasis—. Si vuelvo a pecar, sencillamente volveré a pedir perdón.

—Creo que tienes razón—le respondió ella—en el hecho de que Él te perdonará si pecas, pero si no te arrepientes sino que sigues pecando y haciendo lo mismo una y otra vez, entonces eso es un asunto totalmente diferente.

Esta buena amiga mía regresó después de aquella conferencia y pidió consejería; hasta lo organizó para que el hombre asistiese junto con ella. Esta fue una parte de la sesión que tuvimos.

—¿Tiene usted planes de dejar a su esposa, o planea ella dejarle a usted?—le pregunté.

—Desde luego que no—contestó él—. No nos llevamos bien, pero tenemos hijos y propiedades que no quiero dividir.

—Entonces, ¿qué intenciones tiene usted hacia mi amiga?

—No veo nada malo en seguir viéndola—respondió él—. Soy un buen cristiano, asisto a la iglesia todos los domingos, y le pido a Dios que me perdone cuando peco. ¿Qué más debiera hacer?

—Cuando usted está en pecado, puede ser engañado—le dije—. Dios quiere que pida perdón por su pecado, pero Él también quiere que se arrepienta, le dé la espalda a ese pecado y no peque más. Jesús siempre les decía a las personas a quienes ministraba: "¡Sé sano! Vete y no peques más". Eso es lo que significa arrepentimiento.

Lamento decir que no pude convencerle de que dejara su pecado. Sin embargo, sí que convencí a mi amiga, y ahora ella está felizmente casada con un buen hombre y ambos continúan sirviendo al Señor.

Lazos del alma

Siento que en este punto debería hablar de los lazos del alma y cómo romperlos. Los lazos del alma se forman cuando estamos emocionalmente relacionados con una persona. Incluso después de haber cortado la relación y no asociarnos ya con esa persona, podemos seguir estando tan atados a ella que pensamos en ella con añoranza y nuestra alma la anhela. Desde luego, como ya hemos dicho anteriormente, nuestra alma es nuestra mente, nuestra voluntad y nuestras emociones. Los tres pueden estar muy ligados a una persona con la que ya no nos relacionamos debido a varias razones.

Es cierto especialmente si hemos estado relacionados sexualmente con esa persona, ya sea en el contexto de un matrimonio legal o en una escapada sexual inmoral. Un lazo del alma es tan fuerte que debe romperse para liberar a la persona.

David le pidió al Señor que sanara su alma: "Yo dije: Jehová, ten misericordia de mí; sana mi alma, porque contra ti he pecado" (Salmo 41:4). Los lazos del alma son como un cordón umbilical; atan tu mente a otra persona. Aunque mi amiga dejó de pecar, simplemente tener cualquier contacto con ese hombre haría regresar el anhelo de sentir su compañía, pues se había formado un lazo del alma al disfrutar el uno del otro. (Los lazos emocionales pueden hacer que una persona anhele lo que solía ser.) Comprendiendo que ella no era libre en su alma, dio los siguientes pasos para romper por completo toda atadura y lazos del alma

Utiliza estos pasos para liberarte a ti mismo.

1. Arrepiéntete ante Dios por el pecado.
2. Confiesa como pecado todo comportamiento promiscuo (sexo prematrimonial, adulterio, etc.).
3. Libérate a ti mismo de toda atadura del alma hacia relaciones del pasado. Desarraiga todos los tentáculos de la atadura sexual del anhelo emocional, dependencias y esclavitud de los pensamientos.
4. Ata, renuncia y resiste todo espíritu maligno que te haya sido transferido mediante malas relaciones o asociaciones.

5. Ordena a todos los espíritus asociados con las ataduras del alma que te abandonen en el nombre de Jesús.
6. Pon tu mano sobre tu corazón y pide al Señor que sane las heridas de tu alma. Pide que hasta los fragmentos rotos de tu corazón sean restaurados mediante el poder sanador en el nombre de Jesús.

Te ofrezco una oración de muestra para romper ataduras del alma con cualquier persona con la cual hayas estado relacionada.

Padre, en el nombre de Jesús, entrego mi alma, mis deseos y mis emociones a tu Espíritu. Confieso como pecado todas las relaciones sexuales prematrimoniales y todas las relaciones sexuales fuera del matrimonio. Confieso todas las ataduras impías de mi espíritu, alma y cuerpo como pecado. Te doy gracias por perdonarme y limpiarme en este mismo momento. Gracias por darme las llaves de tu Reino, las llaves de la autoridad espiritual. Lo que ato queda atado y lo que desato queda desatado. En el nombre de Jesús, te pido que me liberes de toda atadura sensual hacia compañeros sexuales del pasado y relaciones impías. Por favor, desarraiga todos los tentáculos de la atadura sexual, de anhelos y dependencias emocionales y de pensamientos de esclavitud. Yo ato, renuncio y resisto a cualquier espíritu maligno que haya reforzado esas ataduras del alma o pueda habérmelas transferido por medio de relaciones malvadas.

Por favor, limpia mi alma y ayúdame a olvidar cualquier unión ilícita para que pueda ser libre para entregar mi alma por completo a ti y a mi pareja. Padre, recibo tu perdón de todos los pecados sexuales del pasado. Creo que soy totalmente perdonado. Gracias por no volver a recordar mis pecados y por limpiarme. Me encomiendo por completo a ti. Por tu gracia, por favor mantenme santificado en espíritu, alma y cuerpo. Te alabo. En el nombre de Jesús. Amén.

CONCLUSIÓN

El arrepentimiento verdadero es dar la espalda por completo al pecado.

Judas Iscariote lloró lágrimas de amargura después de haber traicionado a Jesús. Está muy claro en la Palabra que él no se arrepintió, sino que, en lugar de eso, cometió suicidio. Pedro negó a Jesús, cortó la oreja a un hombre, se durmió cuando debería haber estado orando, abandonó su llamado como discípulo y regresó a la pesca.

Pedro y Judas estaban ambos cerca de Jesús. Los dos pecaron. Uno no dio la espalda a su pecado y murió. El otro dio la espalda a su pecado confesando su amor por Jesús y siguió adelante para vivir una vida de victoria. Pedro aprendió no solamente a arrepentirse de su pecado, sino también a renunciar a cualquier participación en el pecado.

RENUNCIAR A LA PARTICIPACIÓN

7

El hijo de mi esposo fue el último de sus hijos que recibió la salvación. Él siempre había sido un poquito rebelde cuando estaba creciendo. A medida que orábamos por su salvación y después por el bautismo en el Espíritu Santo, descubrimos algunas aberturas que Satanás utilizaba para acosarle.

Él había acudido a una fiesta relacionada con la escuela cuando tenía doce o trece años de edad y allí jugaron a algunos juegos. Uno de los juegos hacía participar a una de sus compañeras de clase que iba vestida de adivina. Ella no tenía ningún entrenamiento ni experiencia en esa área, y todos pensaron que era un juego inofensivo. Cuando ella le leyó la palma de su mano, le dijo: "Tienes una línea de la vida extremadamente corta. No vivirás más de treinta años". Aunque él sabía que era solamente un juego, causó un profundo efecto en él. (En realidad, fue una maldición puesta sobre él.) Desde aquel día en adelante él fue variable y rebelde; él estaba seguro, aunque no se lo dijo nunca a nadie, de que su vida sería corta y, por tanto, ¿qué diferencia había, de todos modos?

Cuando nos contó todo eso se rió, porque él conocía muy bien a la muchacha que había pronunciado la maldición, e incluso así, ella solamente estaba jugando a ese juego. En aquel momento no comprendíamos la importancia crítica de renunciar a la participación, pero decidimos que lo haríamos para estar en el lado seguro. Él se arrepintió del pecado de adivinación, y luego le guiamos en una oración de liberación de la participación en aquel supuesto juego.

Ahora sabemos que hicimos lo correcto en aquel momento. Su vida, al igual que toda su familia, ha sido bendita y no maldita. Él ha vivido para ver a sus hijos y también a sus nietos, y sigue teniendo aún muchos años por delante. ¡Gloria a Dios!

¿Cuándo se renuncia?

Hay una sutil diferencia entre arrepentirse y renunciar. Arrepentirse significa dejar de pecar e ir en la dirección opuesta. Necesitamos arrepentirnos de cualquier cosa que nos expusiera inicialmente a la maldición, ya fuese nuestro propio pecado o el pecado de nuestros antepasados. Renunciar significa desamarrar o repudiar cualquier participación en actividades que invitasen la actividad de Satanás en tu vida. Esas actividades incluyen la participación en el ocultismo, la lectura del horóscopo, jugar a la guija, acudir a un médium o que te adivinen el futuro. La renuncia debería hacerse verbalmente, en voz alta. Si has participado en cualquiera de esas cosas, renuncia a toda participación y limpia tu casa quitando todos los objetos del ocultismo.

Con frecuencia me preguntan: "¿Por qué es necesario que yo no solamente me arrepienta sino que también diga con mi boca que renuncio a cualquier participación en la violación de los mandamientos de Dios?". Mi respuesta siempre regresa a la Palabra. Números 14:18 dice: "Jehová, tardo para la ira y grande en misericordia, que perdona la iniquidad y la rebelión, aunque de ningún modo tendrá por inocente al culpable; que visita la maldad de los padres sobre los hijos hasta los terceros y hasta los cuartos".

Este versículo dice que Dios no quita la culpabilidad; ¿cómo entonces podemos ser libres? La solución llegó mediante la muerte de Jesús en la cruz. En Isaías 53:5 se nos dice: "Mas él herido fue por nuestras rebeliones, molido por nuestros pecados". Jesús llevó sobre sí mismo nuestra iniquidad para romper la atadura y el dominio que el diablo tiene sobre nosotros.

Cuando renuncias, realmente le estás diciendo a Satanás: "Rompo tu dominio sobre mí. Puedo ser libre de esta iniquidad por la sangre de Jesús. Tu dominio legal sobre mí queda roto". Si en cualquier momento hemos sucumbido al ataque de Satanás en iniquidades generacionales, deberíamos renunciar a ello. Cuando hay iniquidad en nuestro pasado, Satanás siente que tiene el derecho legal de implicarse en nuestras vidas, y continúa hostigándonos en esa área en particular. Es necesario que renunciemos a cualquier participación en cualquier área en la que Satanás haya estado activo. Por ejemplo, si tienes una inclinación generacional hacia la mentira, y Satanás te ha tentado en esa área y tú has sucumbido, necesitas renunciar a la mentira.

La necesidad de renunciar es obvia cuando leemos la enseñanza de Jesús acerca del hombre fuerte: "Pero si yo por el Espíritu de Dios echo fuera los demonios, ciertamente ha llegado a vosotros el reino de Dios. Porque ¿cómo puede alguno entrar en la casa del hombre fuerte, y saquear sus bienes, si primero no le ata? Y entonces podrá saquear su casa" (Mateo 12:28-29). Si esperamos vencer a Satanás, entonces debemos atarlo, echarlo y caminar en libertad.

Poner a Jesús en el trono

Si cooperamos con el diablo, y cuando lo hacemos, le "damos lugar" a él. En realidad le situamos en el trono en nuestras vidas. "¿No sabéis que si os sometéis a alguien como esclavos para obedecerle, sois esclavos de aquel a quien obedecéis, sea del pecado para muerte, o sea de la obediencia para justicia?" (Romanos 6:16).

Cada vez que una persona miente, engaña o cede a los pensamientos lujuriosos, el dominio de Satanás en esa vida y/o a través de ella ha quedado fortalecido. De la misma manera, yo puedo poner a Jesús en el trono obedeciendo su Palabra y su voluntad. Yo tomo decisiones continuamente con respecto a quién pondré en el trono en mi vida. Es el poder de la vida de Cristo en mí el que me capacita para escoger correctamente y llevar a cabo la obediencia de Dios en mi vida. Cuando ejercemos nuestra capacidad de elección, eso nos establece en nuestra autoridad.

El Cuerpo de Cristo ha estado demasiado tiempo paralizado por no comprender el poder que ejercemos diariamente con nuestras elecciones. Aunque el mundo haya entronado el derecho de elección del hombre, la Iglesia ha abdicado su verdadera autoridad no escogiendo obedecer la Palabra. El poder que determina el resultado de la batalla en cada caso es la capacidad de elección del hombre, y no el poder o la fuerza del diablo.

El poder de Satanás es ilegítimo

Por medio del arrepentimiento y la renuncia, rompemos el poder de Satanás sobre nosotros y recuperamos lo que el enemigo nos ha robado. Satanás no tienen poder legítimo propio. Jesús le despojó de todo su poder y autoridad. "Anulando el acta de los decretos que había contra nosotros, que nos era contraria, quitándola de en medio y clavándola en la cruz, y despojando a los principados y a las potestades, los exhibió públicamente, triunfando sobre ellos en la cruz" (Colosenses 2:14-15).

Cristo no solamente desarmó a Satanás despojando a los principados y a las potestades en un triunfo manifiesto, sino que también se propuso destruirlo. "Así que, por cuanto los hijos participaron de carne y sangre, él también participó de lo mismo, para destruir por medio de la muerte al que tenía el imperio de la muerte, esto es, al diablo" (Hebreos 2:14).

Él no solamente vino para destruir al diablo; Él vino para destruir las obras del diablo. "Para esto apareció el Hijo de Dios, para deshacer las obras del diablo" (1 Juan 3:8). Satanás tenía el poder de la muerte, pero el libro de Apocalipsis dice que Cristo tomó las llaves del infierno y de la muerte. Está claro que Jesús tiene autoridad sobre Satanás, y la buena noticia es que Jesús traspasó esa autoridad a la humanidad para que ellos pudieran vencer el mal. Jesús les dijo a sus discípulos: "He aquí os doy potestad de hollar serpientes y escorpiones, y sobre toda fuerza del enemigo, y nada os dañará" (Lucas 10:19). Así, podemos ver que el diablo no tiene poder legítimo propio. ¿Entonces dónde obtiene su poder? Él usurpa su poder de las malas elecciones que el hombre hace. Cuando no escogemos creer la verdad y pelear la batalla de la fe, cedemos nuestro poder al diablo. A todos nos haría mucho bien tomar esta declaración y ponerla en nuestro refrigerador o en un lugar destacado donde podamos leerla diariamente.

El único poder que tiene Satanás es el que él desvía de nuestro tanque de autoridad. La verdad es que Cristo nos ha dado toda autoridad sobre el poder del diablo sobre nosotros. Por tanto, el diablo debe esperar a que nosotros no nos situemos en nuestra posición de victoria para poder ejercer cualquier poder opresivo o destructivo contra nosotros.

Lo fundamental es esto: para romper maldiciones generacionales tenemos que hacer una elección. Nuestra voluntad es lo que participa. Dios no pasará por encima de tu voluntad, y Satanás no puede hacerlo. ¡Tú tienes que escoger a Jesús! Para ser libre debes querer ser libre.

Necesitamos comprender que la verdad es la revelación de la Palabra de Dios. Necesitamos reconocer la verdad en nuestro ser interior. Como cristianos, debiéramos renunciar al engaño y aceptar la verdad. No dejes que el enemigo te acuse con pensamientos como estos: "Esto no va a funcionar", o "Desearía poder creer esto, pero no puedo", o cualquier otra mentira que se oponga a lo que tú estás proclamando. Aunque tengas dificultad para hacerlo, necesitas hacer una oración de liberación y ser completamente libre de toda maldición, sea cual sea su origen.

PUERTAS DEMONÍACAS DE OPORTUNIDAD

Las maldiciones son ejecutadas por demonios o espíritus demoníacos. Ellos ponen en vigor la maldición, por así decirlo. Sin embargo, los demonios no pueden entrar a voluntad; deben tener un derecho legal, o una puerta de oportunidad. Nadie puede poner una maldición sobre nosotros a menos que haya una entrada en nuestras vidas. Jesús dijo en Mateo 12 que el "Espíritu de Dios" echa fuera los demonios. Cuando se han cumplido las condiciones de Dios, ningún demonio tiene derecho a quedarse. Consideremos esto de manera más profunda.

Ten cuidado con lo que compras en países extranjeros. Una de mis amigas compró una hermosa piedra llamada "la roca de la buena suerte" durante un viaje a Grecia. La piedra era muy bonita y se veía muy bien en su casa. Se suponía que la piedra atraía riqueza, pero en lugar de eso atrajo pobreza. La puerta estaba abierta para que Satanás entrase y robase, matase y destruyese porque la piedra que ella había metido en su casa era un objeto de ocultismo que representaba a un falso dios.

Ella es contable, pero no tenía un buen empleo. Por seis meses habíamos orado muchas veces para que ella encontrase un empleo mejor. Después de oírme enseñar sobre las bendiciones y las maldiciones, ella me trajo la piedra para que yo la examinara. Después de un examen decidimos destruir la piedra. Dos semanas después ella consiguió un empleo de contable, el cual doblaba el salario que recibía antes.

Cuando ella se arrepintió de la idolatría y renunció a ella, rompió la entrada a su vida por donde pudieran entrar influencias demoníacas. Destruir la piedra quitó la entrada legal que había sido dada a Satanás al llevar un ídolo a su casa.

HONRAR A LOS PADRES

En muchas conferencias enseño talleres sobre honrar a los padres. En Efesios 6:1-3 se nos dice que obedezcamos a nuestros padres si queremos vivir una vida larga y apacible. Es un mandamiento con una promesa de la bendición de Dios. Después de uno de los talleres, una joven se acercó a mí y me dijo: "Yo no puedo honrar a mis padres porque mi mamá es una bruja. He sido salva por seis meses, y no quiero estar cerca de ella".

A medida que hablamos, supe que aquella joven tenía numerosos problemas físicos, dificultades económicas, y que a su esposo le habían diagnosticado cáncer. Le expliqué que hasta que no perdonemos a quienes puedan habernos hecho daño, Dios no puede perdonarnos a nosotros. Esa amargura y falta de perdón deja la puerta abierta para que Satanás entre y salga de nuestras vidas como él desee. Ella me siguió en una oración para perdonar a su mamá, y nos pusimos de acuerdo en la salvación para ella y para su casa. Ella le pidió al Señor que las perdonara a ella y a su mamá por su participación en la brujería. Yo hice que ella renunciase a cualquier participación en el ocultismo. Al renunciar, la persona literalmente rompe la autoridad legal de Satanás que ella o él le han entregado en su vida.

Un año después ella regresó a la conferencia de mujeres de Charisma y asistió otra vez a mi taller. Tenía una gran sonrisa en su cara y un gran testimonio. Su esposo había sido sanado, su mamá era salva y su economía había mejorado mucho. La maldición fue invertida al seguir los requisitos de Dios.

LOS CUATRO PASOS

Repasamos los primeros tres pasos al romper una maldición generacional.

1. **Reconocer.** A menos que reconozcamos que tenemos un problema, nunca avanzaremos hacia la libertad; por tanto, el primer paso es reconocer la maldición.
2. **Arrepentirse.** Debemos arrepentirnos de cualquier cosa que nos expusiera inicialmente al problema, ya fuera nuestro propio pecado o el pecado de nuestros antepasados. Recuerda que arrepentirse significa dejar de pecar e ir en la dirección contraria.
3. **Renunciar.** Debemos decir: "Ya no me pertenece. No lo acepto. Mediante la sangre de Jesús he sido liberado de la maldición de la ley. Soy libre por medio del nombre y la sangre de Jesucristo".

Ahora estamos preparados para el cuarto paso:

4. **Liberar.** Debemos adoptar una posición muy definida y activa contra el poder de Satanás y resistirle con una oración de liberación.

El siguiente capítulo proporciona poderosas pautas de oración para este paso clave.

8

HACER UNA ORACIÓN DE LIBERACIÓN

La Biblia dice en Proverbios 18:21: "La muerte y la vida están en poder de la lengua", y hacer una oración de liberación es una necesidad para ser liberado de las maldiciones generacionales. Para tener vida, y vida abundante, debe pronunciarse una oración de liberación.

Liberar significa "librar, ser librado de preocupación, dolor, problema; ser puesto en libertad de una obligación, como una deuda". Dios quiere liberarte totalmente del dolor de las heridas del pasado y de las circunstancias del presente; su plan para ti es liberarte de la culpa y la vergüenza.

Te propongo varias muestras de oraciones que necesitan hacerse. No tienes que utilizar las mismas palabras exactamente, pero debieran ser palabras similares a esas para liberarte por completo de los ciclos generacionales, de modo que nunca vuelvan a molestarte.

Para hacer una oración de liberación, necesitas identificar concretamente la causa de las maldiciones en tu vida para poder pronunciar tu liberación de ellas. Para ayudarte, enumeraré de nuevo las causas comunes de maldiciones. Necesitas orar por las que se apliquen a ti, quizá todas ellas, para ser liberado de ellas. Cuando reconozcas el problema, arrepiéntete del pecado, renuncia (echa fuera), y cuando hagas la oración de liberación vas a sentir que la atadura y las cadenas se rompen en tu vida.

1. **Idolatría, falsos dioses, ocultismo.** Deuteronomio 27:15 habla de los falsos dioses: "Maldito el hombre que hiciere escultura o imagen de fundición, abominación a Jehová, obra de mano de artífice, y la pusiere en oculto". Deuteronomio 18:9-12 nos advierte contra las prácticas ocultas: "Cuando entres a la tierra que Jehová tu Dios te da, no aprenderás a hacer según las abominaciones de aquellas naciones. No sea hallado en ti quien haga pasar a su hijo o a su hija por el fuego, ni quien practique adivinación [brujería], ni agorero, ni sortílego, ni hechicero, ni encantador, ni adivino, ni mago, ni quien consulte a los muertos. Porque es abominación para con Jehová cualquiera que hace estas cosas, y por estas abominaciones Jehová tu Dios echa estas naciones de delante de ti". En los tiempos actuales, esas prácticas incluirían la percepción extrasensorial, el leer la fortuna y consultar a médiums.

2. **Deshonrar a los padres.**

3. **Sexo ilícito o antinatural.** Estas prácticas incluyen el adulterio (sexo o lujuria con otra persona con la que no estás casado), fornicación (sexo antes del matrimonio), bestialidad (sexo con un animal; ver Deuteronomio 27:21).

4. **Injusticia hacia el débil o desamparado.** El ejemplo supremo de injusticia en nuestra sociedad actual es conseguir un aborto deliberado.

5. **Confiar en la fuerza de la carne.** Es cuando piensas que eres suficiente por ti mismo y no necesitas a Dios.

6. *Robo o perjurio.*

7. **Ser tacaño con Dios financieramente.** Malaquías 3:10 dice: "Traed todos los diezmos al alfolí".

8. **Palabras negativas** pronunciadas por personas con autoridad por su relación, como: padres, esposos, maestros o pastores.

9. Maldiciones autoimpuestas. Son maldiciones que las personas pronuncian sobre sí mismas ("Nunca llegaré a nada", "soy igual que mi padre o mi madre", etc.).

10. Palabras pronunciadas por personas que representan a Satanás, como: brujos, etc.

11. Oraciones sensuales, declaraciones dichas con una mala actitud, y murmuración.

12. Pactos no escriturales. Estar unidos mediante pacto con personas que están al lado de fuerzas que son malignas y extrañas a Dios, como la masonería, la ciencia cristiana, etc. Podrían enumerarse muchas más, pero estas son las que salen con más frecuencia.

Una vez identificada la causa o fuente de la maldición a la que nosotros (o en muchos casos nuestros antepasados u otros asociados con nosotros) fuimos expuestos, debemos adoptar una posición definitiva contra Satanás y resistirle con una oración de liberación.

La oración de liberación podría ser algo parecido a esto:

Querido Jesús:

Creo que tú eres el Hijo de Dios y el único camino a Dios; que en la cruz tú moriste por mis pecados, y que resucitaste de la muerte; que en la cruz también tú fuiste hecho maldición para que yo pudiera ser redimido de la maldición y recibir tu bendición.

Ahora confío en ti para obtener misericordia y perdón y me comprometo desde ahora en adelante por tu gracia a seguirte y obedecerte.

Padre celestial:

Te pido que guardes mi corazón y mi mente y me reveles cualquier participación que yo haya tenido, ya sea a sabiendas o no, en sectas o prácticas del ocultismo, falsas religiones o falsos maestros. Dejo a un lado toda idea previa o preconcebida y te pido que me hables en este momento para que pueda ser libre de toda atadura.

[Haz una pausa y dale al Señor oportunidad de hablarte. Después continúa con la siguiente oración.]

Pido tu misericordia y tu perdón. Te pido que perdones y borres cualquier pecado que haya sido cometido por mí o por mis antepasados y que me expusiera a una maldición.

[En este punto, nombra cualquier pecado concreto del que seas consciente.]

Si hay personas que me hayan hecho daño, las perdono, tal como Dios me perdona a mí.

[Nombra a esas personas. Podría ser un maestro de la escuela, un padre, una pareja o alguna otra persona.]

Renuncio a todo contacto con Satanás, las prácticas del ocultismo y las sociedades secretas no escriturales. Si tengo algún objeto de contacto que me ligue a esas cosas, prometo destruirlo.

[Nombra las prácticas concretas y/o sociedades secretas en las cuales participaste.]

Satanás, en el nombre de Jesús reconozco tu plan para destruirme, y me arrepiento de cualquier pecado que me hiciera deshonrar el nombre de Jesús. En el nombre de Jesús tú no tienes derecho a mi vida y ningún poder sobre mí; yo pertenezco a Dios y le serviré solamente a Él. Por la autoridad de mi Señor Jesucristo, renuncio y rompo el poder de cada maldición maligna que haya venido sobre mí. Ordeno a todo demonio asociado con la maldición que me abandone en este momento: espíritus de maldición ancestrales, transgresión personal, espíritus de maldición de brujería, palabras de maldición, espíritu de pesadez, espíritu de prostitución, espíritu de enfermedad, espíritu mudo y sordo (a este grupo pertenecen la locura, esquizofrenia, ataques, suicidio), espíritu de temor, espíritu de orgullo, espíritu de atadura, espíritu de anti Cristo, espíritu de perversión, espíritus familiares, espíritu de mentira, espíritu de celos, espíritus religiosos, control y manipulación, espíritu de ira, espíritu de competición, espíritus de juicio y crítica... me libero a mí mismo de toda atadura. Ahora, te doy gracias, Señor, porque soy libre de las maldiciones. En el nombre de Jesús. Amén.

Puedes tener confianza en que tu oración ha causado un impacto en la esfera espiritual porque Jesús dijo: "De cierto os digo que todo lo que atéis en la tierra, será atado en el cielo; y todo lo que desatéis en la tierra, será desatado en el cielo" (Mateo 18:18).

SIETE PASOS HACIA LA LIBERTAD

Dios quiere liberarte por completo de las ataduras del pasado. A medida que leas estos siete pasos hacia la libertad, verás que todos ellos fueron utilizados en la oración de liberación. Decir la oración en voz alta tiene un impacto poderoso en la esfera espiritual. Ahora, para mantenerte libre de ataque, permanece en obediencia a estos siete principios.

1. Pon tu fe en la Palabra de Dios. Tu fe debe estar basada en la Palabra de Dios (Efesios 1:7) y en la sangre de Jesús (Colosenses 1:13-14).
2. Confiesa tu fe en Cristo Jesús.
3. Comprométete a obedecer a Dios.
4. Confiesa cualquier pecado conocido de ti mismo o de tus antepasados.
5. Perdona a cualquier persona que te haya herido alguna vez.
6. Renuncia a todo contacto con el ocultismo o con sociedades secretas y deshazte de todo objeto de contacto, libros, joyas, estatuas, etc.
7. Libérate a ti mismo de la maldición en el nombre de Jesús.

Oración de liberación después de un aborto

En caso de que hayas podido participar en un aborto, sugeriría que añadieras los siguientes pasos a tu oración de liberación. Ora en voz alta:

"Confieso que el aborto fue asesinato y te pido que me perdones. Quiero darle nombre al bebé...".

Imagínate sosteniendo en brazos a tu bebé no nacido. Mira al bebé y ponle un nombre. Luego dile al bebé: "No puedo hacerte regresar, pero me reuniré contigo".

Levanta al bebé, preséntalo a Jesús y pide que Él cuide de tu bebé hasta que tú vayas al cielo. Luego pon al bebé en un ataúd, cierra la tapa, pon un ramo de flores sobre el ataúd y encomienda al bebe al cuidado de Él. Al reconocer e identificar al bebé, has dado conclusión a lo que has hecho, y eso te liberará de la culpabilidad y la vergüenza.

Objetos de contacto

Uno de los siete pasos hacia la libertad es deshacerse de todo objeto de contacto. Muchas personas no saben cómo reconocer un objeto de contacto.

Recuerda que los demonios son atraídos hacia la vista, el sonido y el olor. Los demonios no solo son atraídos, sino que también se mueven por vista, sonido y olor. Esas son invitaciones que ellos buscan antes de entrar; buscan imágenes que representen su reino: en pósteres, cuadros, figurines, cosas que sean antinaturales (como objetos con seis manos y tres cabezas). No quemes incienso indio. Las letras de la música rock atraen a los demonios. No guardes joyas u otros objetos que te recordarían una aventura amorosa del pasado, pues eso mantiene tu alma atada a esa persona.

EJECUTAR LA PALABRA DE DIOS
CONTRA EL DIABLO

La Biblia, hablando sobre Jesús, dice en 1 Pedro 2:24: "por cuya herida fuisteis sanados". Si eso es cierto, y lo es, entonces es ilegal estar enfermo, del mismo modo que es ilegal ser hostigado por demonios. El problema con el diablo es que él siempre opera en la esfera de la ilegalidad; él intentará inculcar enfermedad en ti, aunque la Biblia diga que tú estás sano. Enviará demonios para hostigarte, aunque sea ilegal estar bajo una maldición. Legalmente, Jesús nos ha redimido de la maldición. Lo que debemos hacer es aprender a tomar la Palabra de Dios y ejecutarla contra las obras del diablo.

Legalmente, tenemos derecho a romper maldiciones, basándonos en Gálatas 3:13: "Cristo nos redimió de la maldición de la ley, hecho por nosotros maldición (porque está escrito: Maldito todo el que es colgado en un madero)". Jesús llevó la maldición por nosotros para que "la bendición de Abraham alcanzase a los gentiles, a fin de que por la fe recibiésemos la promesa del Espíritu" (v. 14). Observa que la Biblia dice que tanto la bendición como la promesa del Espíritu vienen debido a lo que Jesús hizo. Cuando la maldición es rota, viene al creyente una mayor sinceridad porque el Espíritu de Dios se mueve con más libertad por medio de esa persona.

Un principio importante lo tenemos en Efesios 6:12: "Porque no tenemos lucha contra sangre y carne, sino contra principados, contra potestades, contra los gobernadores de las tinieblas de este siglo, contra huestes espirituales de maldad en las regiones celestes". Los demonios gobiernan donde hay oscuridad; su autoridad viene cuando hay oscuridad. Cuando llega la luz, mediante revelación o conocimiento, ellos ya no están en oscuridad y, por lo tanto, ya no tienen autoridad.

La oración para desatar

Consideremos por un momento Marcos 5:9, cuando Jesús se dirigió al endemoniado gadareno: Jesús le preguntó: "¿Cómo te llamas?". Y el endemoniado respondió: "Legión me llamo; porque somos muchos". Jesús aquí reveló un principio. Cuando Él preguntó el nombre del demonio, los demonios ya no pudieron ocultarse más. Cuando los demonios ya no pudieron ocultarse más, perdieron su autoridad, y ante las palabras de Jesús tuvieron que salir. Yo siento que ese es el propósito de identificar el espíritu en ciertas ocasiones, para que ya no pueda ocultarse más.

Quiero mostrarte cómo trabaja el diablo y enseñarte cómo detener su ataque. Según Mateo 12:43-45 se nos dice cómo opera un demonio.

"Cuando el espíritu inmundo sale del hombre, anda por lugares secos, buscando reposo, y no lo halla. Entonces dice: Volveré a mi casa de donde salí; y cuando llega, la halla desocupada, barrida y adornada. Entonces va, y toma consigo otros siete espíritus peores que él, y entrados, moran allí; y el postrer estado de aquel hombre viene a ser peor que el primero. Así también acontecerá a esta mala generación."

Ahora parece que estamos en un verdadero lío. El demonio ha salido, ha reunido a siete de sus amigos más fuertes que él y ha vuelto a entrar en nuestra casa. Siete significa lo completo, y ocho significa un nuevo comienzo. Por tanto, los ocho demonios comienzan de nuevo a causar estragos en una vida. ¿Cómo podemos evitar que eso suceda? Tenemos autoridad sobre el diablo, y Jesús nos equipó para ganar la batalla. El diablo no puede sobrevivir en un ambiente de verdad; la Palabra de Dios es verdad. Primero se nos enseña que atemos al hombre fuerte: "Porque ¿cómo puede alguno entrar en la casa del hombre fuerte, y saquear sus bienes, si primero no le ata? Y entonces podrá saquear su casa" (Mateo 12:29).

¿Cómo atamos al hombre fuerte? Mateo 18:18 nos dice: "De cierto os digo que todo lo que atéis en la tierra, será atado en el cielo; y todo lo que desatéis en la tierra, será desatado en el cielo". Hay llaves que atan y llaves que desatan. Cualquier cosa que prohibas en la tierra será prohibida en el cielo. Basándome en este principio bíblico, he escrito una oración modelo para desatar.

Cuando nos desatamos a nosotros mismos de las maldiciones, podemos a cambio glorificar a Jesús, y su nombre será exaltado. Esta es una oración que yo dirigí muchas veces como ministro para romper maldiciones en las vidas de las personas. Si haces esta oración de desatar en voz alta, con sinceridad en tu corazón, Dios tendrá un encuentro contigo en tu punto de necesidad y comenzará a liberarte de maldiciones que te hayan estado hostigando por muchos años.

Padre, en el nombre de Jesús y en tu autoridad hablo y digo: "Satanás, por el poder de la Palabra yo te ato y te ordeno que salgas de mi vida. Sal de mi familia; sal de mi casa; sal de mis finanzas. Declaro que toda maldición familiar y toda maldición generacional son rotas y revertidas en el nombre de Jesús".

Te doy gracias por la autoridad que tú me has dado, en el nombre de Jesús. Todo lo que ate en la tierra es atado en el cielo, y todo lo que desate en la tierra es desatado en el cielo. Ato todo espíritu que intente operar en mi vida, y me desato a mí mismo de toda maldición que haya abierto la puerta para que el enemigo entrara en mi vida.

Me desato a mí mismo de toda maldición de idolatría, brujería u ocultismo.

Me desato a mí mismo de toda maldición de muerte o destrucción.

Me desato a mí mismo de toda maldición de lujuria o perversión.

Me desato a mí mismo de toda maldición de temor o tormento.

Me desato a mí mismo de toda maldición de orgullo o rebelión.

Me desato a mí mismo de toda maldición de atadura y esclavitud.

Me desato a mí mismo de toda maldición de pobreza o carencia.

Me desato a mí mismo de toda maldición de divorcio o separación.

Me desato a mí mismo de toda maldición que opere contra mi familia.

Me desato a mí mismo de cualquier otra maldición que pueda estar operando en mi vida para permitir al enemigo entrar en mi vida.

Me desato a mí mismo de esas maldiciones por ambas partes de mi familia remontándome hasta más allá de treinta generaciones. Quito el derecho legal que el enemigo tiene de operar en mi vida.

Señor, te doy gracias porque según la Palabra de Dios, puedo desatarme a mí mismo, y declaro a todo espíritu que se estuviera ocultando en mi vida: eres sacado a la luz; dejarás mi vida y yo seré libre por el poder del Espíritu Santo. Cierro toda puerta que el enemigo tenga en mi vida mediante una maldición.

Te doy gracias, Señor, por liberarme. Soy redimido de la maldición de la ley. La bendición de Abraham está sobre mi vida. Recibo la promesa del Espíritu mediante la fe. Gracias, Señor. No más tristezas, no más perversión, no más destrucción pueden operar en mi vida debido a una maldición. ¡Soy bendecido! ¡Soy bendecido! ¡Soy bendecido!

En el nombre de Jesús. Amén.

9
RECIBIR LA BENDICIÓN

No hay duda de que Jesús hizo provisión para que nosotros recibiésemos nuestra bendición, al igual que Él hizo provisión para que nosotros recibiésemos la salvación. Leemos en Gálatas 3:13-14: "Cristo nos redimió de la maldición de la ley, hecho por nosotros maldición (porque está escrito: Maldito todo el que es colgado en un madero), para que en Cristo Jesús la bendición de Abraham alcanzase a los gentiles, a fin de que por la fe recibiésemos la promesa del Espíritu".

Las bendiciones del Señor son un derramamiento natural que Él ha establecido para nosotros. Sin embargo, tenemos que apropiarnos de esa provisión y hacer que se produzca estando de acuerdo con la provisión que Él ha establecido para nosotros. Cada cosa la recibimos por tener fe y vencer la duda. Cada uno de nosotros debe tomar esa decisión y luego moverse en la decisión que ha tomado.

Lo primero y más importante que debemos hacer para recibir ¡es tomar una decisión! No dejes que tus mañanas sean consumidos alimentándose de ayeres. Cuanto más miramos al pasado, menos podemos ver hacia delante. Cada día tomamos decisiones; diariamente somos confrontados con opciones. Nuestras elecciones o bien reflejarán fe o bien duda. Algunas de las opciones con las que somos confrontados son:

1. Ser amargados contra ser mejores. Ser un amargado es algo maligno y, por lo tanto, es nuestra elección ser mejores en lugar de ser amargados. "Tu maldad te castigará, y tus rebeldías te condenarán; sabe, pues, y ve cuán malo y amargo es el haber dejado tú a Jehová tu Dios" (Jeremías 2:19).

2. Indiferencia contra decisión. "Muchos pueblos en el valle de la decisión; porque cercano está el día de Jehová en el valle de la decisión" (Joel 3:14). Ciertamente ese no es momento para la indiferencia. La elección se reduce al hecho de ser decididos y avanzar o ir hacia atrás sin hacer nada.

3. Tibieza contra entusiasmo. "Pero por cuanto eres tibio, y no frío ni caliente, te vomitaré de mi boca" (Apocalipsis 3:16). En mi mente no hay duda de que Dios quiere que estemos encendidos para Él. Él nos dice que debemos avivar la llama del don que Él ha puesto dentro de nosotros. Jeremías testificó del hecho de que la Palabra de Dios estaba en el corazón de Jeremías como un fuego ardiente encerrado en sus huesos.

4. Seguridad contra riesgo. Se nos dice que vayamos por todo el mundo y prediquemos el evangelio, y para hacer eso tendremos que abandonar nuestra seguridad. La Biblia nos dice en Isaías 54 que debemos ensanchar el lugar de nuestra tienda y extender las cortinas de nuestras moradas. Se nos dice que no seamos escasos, sino que alarguemos nuestras cuerdas y reforcemos nuestras estacas. A mí eso no me suena a seguridad sino a riesgo. Mi elección es seguir la Palabra, a pesar del riesgo que conlleve. ¿Y cuál es tu elección?

5. *Enfrentarse al mal contra vencer el mal.* "No seas vencido de lo malo, sino vence con el bien el mal" (Romanos 12:21). Una y otra vez la Biblia nos dice que hagamos el bien y no el mal. No debemos tolerar el mal, sino disiparlo.

6. *Resistir contra recibir.* Siempre es elección nuestra o bien resistir o bien recibir. Cuando dejemos de resistir, recibiremos. Yo personalmente no creo que sea posible recibir cuando uno está resistiendo.

7. *Elección contra cambio.* Tenemos muchas opciones en la vida, y nos corresponde a nosotros tomar la decisión de cambiar. Una vez que hayamos tomado la decisión de cambiar, entonces Él es fiel a sus promesas de producir el cambio en nuestras vidas. "El cual transformará el cuerpo de la humillación nuestra, para que sea semejante al cuerpo de la gloria suya, por el poder con el cual puede también sujetar a sí mismo todas las cosas" (Filipenses 3:21).

8. *Paz contra conflicto.* "Misericordia y paz y amor os sean multiplicados" (Judas 1:2). Deberíamos resistir el conflicto y escoger en su lugar la paz. Proverbios 17:14 nos ofrece una gran sabiduría acerca de evitar el conflicto: "El que comienza la discordia es como quien suelta las aguas; deja, pues, la contienda, antes que se enrede". La Biblia dice que debemos detener el conflicto aun antes que comience.

9. *Demandar más de otros contra demandar más de nosotros mismos.* La Biblia nos enseña que siempre devolvamos bien por mal, y que hagamos la elección correcta en lugar de demandar de otros. "...nos maldicen, y bendecimos; padecemos persecución, y la soportamos. Nos difaman, y rogamos" (1 Corintios 4:12-13). Vemos en 1 Pedro 3:8-9: "Finalmente, sed todos de un mismo sentir, compasivos, amándoos fraternalmente, misericordiosos, amigables; no devolviendo mal por mal, ni maldición por maldición, sino por el contrario, bendiciendo, sabiendo que fuisteis llamados para que heredaseis bendición".

10. *Cambiar nuestras vidas renovando nuestras mentes contra permanecer en esclavitud.* Romanos 12:2: "No os conforméis a este siglo, sino transformaos por medio de la renovación de vuestro entendimiento, para que comprobéis cuál sea la buena voluntad de Dios, agradable y perfecta". Se nos dice en Gálatas 4:9 que nunca más debiéramos desear estar en esclavitud. Nuestro deseo debiera ser salir de la esclavitud y permanecer continuamente fuera de la esclavitud.

EL MAYOR OBSTÁCULO PARA RECIBIR UNA BENDICIÓN

He descubierto que el mayor obstáculo que hay en las personas para que reciban de Dios es que en lugar de recibir en realidad se resisten. Desde luego, ellos no se dan cuenta de que están resistiendo, pero el hecho es que lo están haciendo. Por ejemplo, muchas veces cuando impongo mis manos sobre personas y oro por ellas, ellas se tambalean hacia atrás en lugar de caer bajo el poder. Yo le pregunté a Dios sobre eso y Él dijo que se debía a que ellas no estaban recibiendo. Si les pregunto a individuos, ellos responden que no saben por qué se tambalean hacia atrás e intentan mantenerse en pie. Algunos creen que es un acto reflejo.

Recientemente le pregunté a un hombre:

—¿Por qué se tambaleaba? ¿Era para huir del poder de Dios o se debía al temor a caerse?

—Oh, no—respondió él—, sencillamente no quiero darle a nadie una caída de cortesía. Quiero que sea verdaderamente el poder de Dios el que me tumbe.

—¿Comprende usted que el Espíritu Santo es un caballero—repliqué yo—y que Él no obliga a nadie a recibirlo? Dios nos da la elección; Él hasta nos permitirá ir al infierno si nos negamos a someternos a su voluntad. Nosotros somos quienes tenemos que tomar la decisión. Él nos da el poder de hacer su voluntad, pero nunca pasa por encima de nuestra voluntad.

No se lo dije a él, pero pensé en mi interior que lo que él dijo sonaba a "orgullo espiritual". Deberíamos ser sumamente cuidadosos y evitar caer en el "orgullo espiritual".

Otra manera de resistir en lugar de recibir es cuando las personas analizan el modo en que Dios se mueve. Ellos ponen la excusa y dicen: "Quiero estar seguro de que es Dios. No quiero caer en el engaño". Este motivo suena muy bueno y puro, pero permíteme preguntarte: Si analizas todo lo que Dios está haciendo y decides que tu mente puede comprenderlo, ¿acaso no haces que Dios sea del tamaño de tu mente? ¿Te gustaría un Dios que fuese lo bastante pequeño para encajar en ese molde? No sé qué pensarás tú, pero yo decididamente quiero ¡UN DIOS GRANDE! Ciertamente no quiero limitarlo a Él al tamaño de mi mente.

Recientemente oí a la esposa de un pastor decirle: "Tú sigues analizándolo todo hasta llegar a analizar la esencia misma". Yo creo sin ninguna duda que eso es posible, y muchas veces analizamos en lugar de sencillamente recibir lo que Dios nos ofrece. Mi oración es que Dios se mueva de modo poderoso en cada persona que pasa al frente para recibir oración. Su Palabra dice que Él quiere bendecirnos, y yo creo que eso es exactamente lo que Él quiere hacer.

Cuando Esteban estaba a punto de ser apedreado, advirtió al consejo de los judíos acerca de resistir al Espíritu Santo: "¡Duros de cerviz, e incircuncisos de corazón y de oídos! Vosotros resistís siempre al Espíritu Santo; como vuestros padres, así también vosotros" (Hechos 7:51).

Esteban reprendió al consejo y al pueblo judío por su incredulidad. Les dijo que habían hecho un hábito de resistir al Espíritu Santo. ¿Crees que es posible que cuando no recibimos del Señor Él esté igualmente frustrado con nosotros? Yo creo que esa es una fuerte posibilidad. ¿Crees que podríamos estar haciendo un hábito de resistir al Espíritu Santo y ser totalmente inconscientes de ello? ¿Crees que eso podría ser una iniquidad traspasada a través de las generaciones? ¿Crees que ese podría ser nuestro problema? Yo creo que es muy posible.

Recientemente he adoptado el hábito, cuando oro por personas y ellas se tambalean hacia atrás, de no insistir con ellas; conti-
núo con la persona siguiente porque siento que están resistiendo al
Espíritu Santo, y la unción de Él es demasiado preciosa para ser
desperdiciada. Siento que cuando ellos estén preparados y ansiosos
por recibir, entonces Dios derramará su bendición en abundancia
sobre ellos.

En 2 Corintios 1:20 leemos: "Todas las promesas que ha hecho
Dios son "sí" en Cristo. Así que por medio de Cristo respondemos
"amén" para la gloria de Dios" (NVI).

¿Has comprendido este pasaje? Lo único que se requiere de ti
es que estés de acuerdo con Jesús respecto a esas promesas y entonces son tuyas. ¡El recibir te corresponde a ti!

Hasta he oído decir a algunos pastores: "Yo tengo que tener
mucho cuidado. No quiero que surja un 'reguero de pólvora' en mi
iglesia". Yo tengo solo una respuesta para eso. Si yo fuera el pastor,
preferiría intentar tratar con un reguero de pólvora que intentar
resucitar a los muertos. Algunas de nuestras iglesias se resisten al
Espíritu Santo, de modo que es muy difícil para Él moverse en
medio de ellas.

Hace poco tiempo estaba ministrando a personas y orando por
ellas cuando un joven me detuvo y dijo: "Hoy tengo grandes necesidades, lo confieso, y no sé cómo recibir. ¿Podría usted ayudarme?".

Yo sonreí y dije: "Déle gracias a Dios, porque es usted un buen
candidato. Lo primero que debe hacer es levantar ambas manos
como muestra de rendición total a Dios; eso, en efecto, le dice a
Dios: 'Yo cedo; ¡haz tu voluntad en mí!'. Lo siguiente es cerrar los
ojos para que nada a su alrededor le distraiga y pueda concentrarse solamente en Él. No ore usted, ya que vino a recibir, y no puede
dar y recibir al mismo tiempo; es imposible recibir si está orando y
dando. Cierre su mente a cualquier duda o incredulidad, o a cualquier crítica, y ábrase para recibir. No permita que su mente esté
vagando, sino concentrada en recibir y disfrutar en presencia de Él.

Al igual que usted se tumbaría al sol para broncearse, así necesita estar en su presencia para obtener sus bendiciones". Después de estas sencillas instrucciones, oré por él; él cayó bajo el poder de Dios, y el Señor hizo un gran milagro en su vida aquel día.

Algunas veces cuando las personas caen bajo el poder, inmediatamente se levantan con dificultad y se alejan. Yo las insto a permanecer en la presencia del Señor tanto tiempo como sea posible. Hay una increíble presencia y unción durante los tiempos de oración como esos, y nos corresponde a todos nosotros recibir todo lo que Dios tenga para nosotros. Yo siento que cuanto más tiempo permanezcamos en la presencia de Dios, mayores serán los beneficios.

LA FORMA CORRECTA DE RECIBIR

Hace unos veinte años, cuando mi esposo y yo dirigíamos un estudio bíblico semanal en casa de unos amigos, recibimos la visita de una nueva pareja. Conocimos a aquellos agradables esposo y esposa por primera vez cuando entraron por la puerta. El esposo parecía totalmente sano, fuerte y robusto. Pusimos nuestras sillas formando un gran círculo —éramos unos treinta o treinta y cinco—, pero yo seguí mirando a aquella nueva pareja. Justo antes de comenzar la enseñanza, le pedí a él que nos diera una palabra de testimonio.

—Me hirieron en la guerra de Corea—comenzó a decir—. La semana pasada asistí a un retiro con un grupo de una iglesia local. (Dio el nombre de la iglesia y del evangelista anfitrión del retiro, y nosotros estábamos familiarizados con ellos.)

El evangelista me llamó a pasar al frente por una palabra de sabiduría y dijo que el Señor quería sanarme. Dijo que yo estaba lisiado y jubilado, recibiendo de la seguridad social y una pensión como veterano minusválido. Bien, el evangelista tenía razón. Yo no podía trabajar, y no he podido hacerlo por años. Él oró por mí y fui instantáneamente sanado, y desde entonces he caminado sin ninguna ayuda. Antes de que Dios me sanara, tenía que utilizar muletas o una silla de ruedas para moverme. ¡Mírenme ahora!

Un clamor de alegría surgió de nuestro grupo al darnos cuenta de que aquel robusto hombre era un lisiado la semana anterior. Después de que las cosas se calmaran un poco, él compartió la razón por la que asistía a nuestro grupo.

—Hoy, durante todo el día he tenido muchos dolores. Pensé venir a este grupo y ver si ustedes podían orar por mí para que obtenga algo de alivio.

—Sí—interrumpió mi esposo—, ¡oraremos por usted y Dios se llevará el dolor!

Nos reunimos alrededor de él, imponiendo manos sobre él, y oramos en fe. Dios le tocó de forma poderosa y él cayó bajo el poder y quedó tumbado en el piso. Todos estuvimos de pie unos cinco minutos y él seguía en el piso, así que comenzamos nuestro estudio bíblico. Durante una hora más o menos, leímos y hablamos de las Escrituras, y todo ese tiempo nuestro visitante siguió tumbado en mitad del círculo, de espaldas, sin darse cuenta de nada de lo que sucedía alrededor de él. Él era un caso modelo en cuanto a recibir de Dios. Literalmente estuvo disfrutando en la presencia del Señor por una hora. Cuando terminamos nuestro estudio bíblico, él se movió y después se levantó; una gran sonrisa se dibujó en su cara y testificó que ya no sentía dolor. Más tarde testificó que el dolor nunca más regresó. Fue la última batalla que el diablo entabló intentando convencerle de que él era un inválido, pero Dios le convenció de que había sido sanado.

Ocasionalmente seguimos viendo a la pareja, y más de veinticinco años después él sigue caminando en la salud divina. Los dos han servido al Señor continuamente desde aquel tiempo. Supuso una buena conmoción cuando él rescindió su pensión por discapacidad y pudo caminar con facilidad y realizar trabajos que no había podido realizar por años. No había precedente en cuanto a rescindir una pensión por discapacidad, así que el gobierno tuvo que realizar varios papeleos que nunca antes se habían realizado. Nunca antes habían tenido una incidencia en la que una persona que recibía una pensión por discapacidad hubiera sido sanada y ya no necesitara la pensión.

Al recordar todo esto creo que una de las principales razones de que él recibiera su sanidad fue porque estaba preparado para recibir sin cuestionar. Cuando cayó bajo el poder, él se quedó bajo el poder; no cuestionó si era religiosamente adecuado hacerlo o no; no cuestionó si mi esposo era un ministro ordenado o no; no me cuestionó a mí con respecto a mi estado de sumisión y mi lugar exacto en el Cuerpo de Cristo y respecto a si yo encajaba en cierto molde. Él simplemente creyó a Dios y confió en Jesús para que completara la obra en su vida. Si nosotros acudiésemos al Señor como él lo hizo, recibiríamos.

Recibir de Dios es mucho menos complicado de lo que nosotros hacemos que sea. Hasta los niños saben cómo acudir a Jesús. "Entonces le fueron presentados unos niños, para que pusiese las manos sobre ellos, y orase; y los discípulos les reprendieron. Pero Jesús dijo: Dejad a los niños venir a mí, y no se lo impidáis; porque de los tales es el reino de los cielos" (Mateo 19:13-14). Si aprendiéramos a recibir como los niños, nuestros problemas respecto a recibir terminarían.

Hace aproximadamente un año estábamos teniendo unos estupendos servicios en nuestro hogar y en la iglesia, y yo oré por una niña pequeña de unos siete u ocho años de edad. Ella de inmediato cayó bajo el poder, y unos treinta minutos después ella seguía tumbada en el piso mientras su mamá la observaba. Finalmente su papá se acercó y dijo: "Tenemos que irnos. La llevaré al auto". Así que levantó a la niña, la llevó a su auto y se fueron a su casa.

Durante todo aquel tiempo ella no se movía, y parecía estar en trance. Él la llevó a su casa y la tumbó en el sofá, y ella siguió sin moverse. Después de casi una hora ella se movió. El papá le había dicho a la mamá que ella estaba dormida, pero la mamá estaba segura de que no era así. Cuando la niña se movió, le contó a su mamá la más increíble historia:

—Jesús me llevó al cielo, y era maravilloso—dijo sonriendo—. Había flores por todas partes, y todo estaba limpio, y todos los colores eran tan vivos que me encantaban. Yo le dije que quería vivir allí porque le quería mucho a Él —y entonces frunció el ceño—, pero Él dijo que yo no podía vivir allí porque nunca le había pedido a Él que entrase en mi corazón. Yo comencé a llorar, y Él dijo que todos los que vivían en el cielo tenían que pedirle a Jesús que entrase en su corazón y nacer de nuevo. Pero desde que era muy pequeña yo he sabido todo sobre ti—le dijo ella.

—Pero nunca me has pedido que entre y viva en tu corazón— le recordó Él con amabilidad.

—Entonces, ¿vendrás y vivirás en mi corazón para que yo pueda nacer de nuevo?—le preguntó ella.

La respuesta fue sencilla y directa:

—¡Sí!

Aquella niñita recibió con sencillez. Un gran milagro se efectuó en su vida cuando ella nació de nuevo. También fueron sanados algunos problemas físicos que ella tenía en aquel momento, pero el verdadero milagro fue el nuevo nacimiento. Muchas veces pensamos que los niños pequeños no conocen lo suficiente para moverse en las cosas de Dios, pero a causa de su fe sencilla de niños, ¡ellos mueven el corazón de Dios!

Libertad de la depresión

10

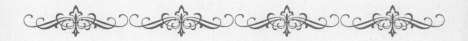

La depresión es un problema que comúnmente sigue líneas generacionales. Debido a que hay tantas personas que batallan con la depresión, quiero animarte mediante el testimonio y la enseñanza a que sepas que Dios te liberará, incluso si has estado sufriendo por años. Una de las primeras cosas que Dios hizo por mí y George después de ser salvos fue romper la maldición de la depresión que estaba sobre los dos. Desde entonces, hemos ayudado a muchos otros a ser libres.

Síntomas de la depresión

El diccionario Webster define depresión como: "desánimo, como de mente; abatimiento, tristeza, alicaído, desanimado y desalentado".

Los síntomas comunes de la depresión incluyen sentimientos de tristeza, desesperanza, impotencia y falta de dignidad. Las personas con depresión experimentan dificultades para dormir y cambios en su apetito. Quienes la padecen ya no obtienen placer de actividades de las que una vez disfrutaron, y puede que tengan dificultad para concentrarse y tomar decisiones. La depresión también puede caracterizarse por pensamientos de muerte y suicidio.

La depresión no solo afecta a tus emociones, sino que también provoca enfermedades físicas. Algunas personas tienen algunos problemas médicos leves, como dolores y achaques que no desaparecen, dolores de espalda, dolores de cabeza y problemas de estómago. Las personas con depresión crónica padecer un mayor riesgo de desarrollar cáncer. Los supervivientes a ataques de corazón que también sufren depresión tienen un riesgo mayor de morir en un periodo de seis meses.

Los análisis de sangre pueden mostrar el grado hasta el cual una persona sufre depresión. Por eso es tan poderoso recordar que cuando recibimos a Jesús, recibimos su sangre limpiadora. Levítico 17:11 nos dice: "Porque la vida de la carne en la sangre está". Cuando recibes a Jesús como tu Señor y Salvador, recibes su sangre limpiadora. Para recibirle, confiesas con tu boca y crees en tu corazón que Cristo fue resucitado de la muerte, y entonces naces de nuevo. En ese momento eres adoptado en la familia de Dios y recibes su ADN. El ADN en nuestra sangre es "la huella de nuestro potencial". La sangre de Jesús te capacita para cumplir todo el destino y el propósito que Dios tiene para tu vida.

En nuestra línea de sangre natural tenemos iniquidades familiares. Las iniquidades causan una tendencia en tu naturaleza hacia ciertas condiciones, por ejemplo: una tendencia hacia la buena salud, la mala salud, una mente cabal o la depresión. ¿Qué es una iniquidad en la línea de sangre? Una iniquidad es un repetitivo patrón de pecado en tu vida, o un patrón de comportamiento aprendido. Por ejemplo, el tío Juan siempre tenía depresión cuando se acercaba la Navidad, y eso se convirtió en un rasgo de la familia. En lugar de elevarnos sobre la iniquidad familiar, adoptamos una actitud letárgica hacia ese hábito que conduce a la desesperanza y el desánimo. Creemos que no podremos nunca elevarnos por encima de las supuestas "debilidades" de nuestras familias.

La tarea del diablo es matar, robar y destruir. ¿Qué mejor manera de destruirte que asignar un ejército de demonios que sean comunes a tu generación? Ese ejército de espíritus malos tiene la tarea asignada por Satanás de destruir el plan y el propósito que Dios tiene para ti. Pero la buena noticia es que Jesús tiene un plan para tu vida, y su plan es que tú puedas tener vida en abundancia. Él quiere que estés lleno de gozo, que camines en paz y que vivas una vida victoriosa y libre de depresión.

A medida que leas estos testimonios, recuerda que Dios también está dispuesto y puede suplir tus necesidades.

MI TESTIMONIO

Yo nací en una pequeña comunidad en las estribaciones de Arkansas durante los años de Depresión, cuando nuestro país batallaba bajo la carga de la pobreza. Nuestra familia batallaba, al igual que lo hacían muchas familias durante aquella época. No teníamos agua corriente en nuestra casa, ni cuartos de baño ni luces eléctricas. De hecho, era más fácil enumerar lo que teníamos que lo que no teníamos. Nuestra lista de cosas que "poseíamos" era realmente corta.

Recientemente meditaba sobre el lugar hasta el cual Dios me ha llevado, y quedé sorprendida por la revelación. Durante el pasado año he tenido el privilegio de viajar y ministrar en muchas partes de los Estados Unidos, como también en países del extranjero. Casi parece imposible que una muchachita de las estribaciones de Arkansas pudiera haber viajado tan lejos. Desde luego, la respuesta es que mediante el poder de Jesucristo, todas las cosas son posibles.

Me realizaron una cirugía femenina a la edad de treinta y dos años, y después de aquello mis hormonas quedaron extremadamente desequilibradas. Comencé a sufrir drásticos cambios de ánimo; me sentía sumamente feliz, funcionando con normalidad con mi familia y mis compañeros de trabajo, y entonces algún pequeño detalle iba mal y yo rompía a llorar, me deprimía y solamente quería irme a la cama y dormir.

Llegó un punto en que no quería estar rodeada de personas porque tenía temor a sufrir mis estallidos emocionales. En aquel tiempo yo llevaba siendo cristiana solo tres semanas, y creía que la sanidad era para otros, pero no necesariamente para mí. Yo era ignorante de la Palabra de Dios. Mi mente no había sido renovada por la Palabra, así que cuando mi médico me recetó Valium para los "cambios de ánimo", yo lo tomé de buena gana. Por seis meses viví en un estado mental similar a un trance; me sentía bien hasta que el Valium perdía su efecto, pero sabía que la siguiente pastilla llegaría y lo esperaba con ilusión.

Estábamos de vacaciones en las montañas Great Smoky de Carolina del Norte. Mi esposo nos llevó a mí y a nuestros dos hijos a comer, y era momento de tomarme el Valium. Busqué en mi bolso el bote de pastillas, pero no estaba allí; y en aquel momento literalmente me derrumbé. Sentía pánico y me puse paranoica; estaba demasiado disgustada y desconcertada para poder comer. Mi esposo les dijo a los niños que siguieran comiendo mientras él me llevaba al hotel, me dejaba en la cama y regresaba para cuidar de ellos. Él tampoco pudo encontrar el medicamento, y me dio un analgésico que yo tomaba y que me permitía dormir por la noche. No hay palabras para poder expresarte lo irritados que estaban mis nervios en aquel tiempo. Entré en la depresión más profunda que nunca creí que pudiese existir.

Aquella fue mi llamada de atención. Al día siguiente compré un libro titulado "Sanidad mediante el nombre de Jesús". Comencé a estudiar y a meditar la Palabra de Dios. Seguí tomando el

Valium, pero intentaba disminuir la dosis; sabía que estaba enganchada a una droga con receta. Sentía que Jesús era mi verdadera respuesta. Yo pensaba que había habido periodo de tiempo en el cual yo quizá necesitaba el Valium, pero ya se había convertido en un hábito que yo era incapaz de manejar.

Dios me había librado milagrosamente de la bebida como modo de relacionarme socialmente, pero lo que yo había hecho era cambiar un hábito por otro. Al igual que la bebida suavizaba mis nervios y me dejaba en una "actitud de que nada importa", lo mismo había hecho el Valium.

Comencé a meditar en el Salmo 103: "Bendice, alma mía, a Jehová, y no olvides ninguno de sus beneficios. El es quien perdona todas tus iniquidades, el que sana todas tus dolencias; El que rescata del hoyo tu vida, el que te corona de favores y misericordias; El que sacia de bien tu boca de modo que te rejuvenezcas como el águila". (Este pasaje me hablaba directamente a mí; literalmente tenía mi nombre en él.)

Yo sabía entonces que estaba siendo oprimida por el diablo. Por medio del estudio de la Palabra descubrí que mi alma era mi mente, mi voluntad y mis emociones. Mi mente me decía que yo necesitaba el Valium, pero a medida que mi mente era renovada por la Palabra los "cambios de ánimos" fueron siendo menos frecuentes.

Cuando se producían, no eran tan intensos o graves, y no duraban tanto tiempo. Yo era capaz de citar la Palabra de Dios y animarme a mí misma, y saber que el Señor me estaba liberando diariamente. Tuve un mayor deseo de ser libre de la iniquidad de la depresión. Yo no quería depender de las drogas; quería ser sanada. Mis emociones luchaban con mi voluntad y decían: "Sin drogas no puedes funcionar", pero la Palabra de Dios decía que Él redimiría mi vida de la destrucción. Él satisfacía mi boca con las cosas buenas de su Palabra, y el deseo de emplear tranquilizantes fue disminuyendo cada día. Yo decidí que mi voluntad se alineara con lo que Dios decía sobre mí; Él estaba ejerciendo justicia y liberándome de la opresión.

Comprendí que ya que Dios era lo suficientemente grande para salvarme del pecado, era también lo suficientemente poderoso para librarme de la iniquidad en la que yo estaba atrapada.

La sanidad fue una progresión de las siguientes cosas:

1. Reconocer que yo tenía un problema.
2. Desear no ser dependiente de las drogas.
3. Meditar en la Palabra (concretamente en pasajes sobre la sanidad).
4. Comprender que yo tenía una nueva línea de sangre y que la vida de Dios corría por mis venas.
5. Perdoné a todos (incluso a mi ex marido).

Yo tenía amargas raíces de juicio contra las personas. La Palabra de Dios cambió mi modo de pensar, y dejé de juzgar a los demás y a dejar que Dios tratara con mi corazón. En aquel punto de mi vida yo seguía estando muy enojada con mi ex marido. Durante aquel momento hubo una audiencia en los tribunales sobre la manutención y custodia de los hijos, y eso realmente me hizo depender aún más de la droga. La mayoría de la depresión está causada por la ira acumulada en el interior. Las raíces amargas dan frutos amargos. Se nos dice en Proverbios 23:7: "Porque cual es su pensamiento en su corazón, tal es él".

¿Cuáles son algunos de los pasos para vencer la depresión? Perdonar a todas las personas que te hayan herido y decepcionado. Los pensamientos de amargura no solo se reflejan en tu semblante, sino que la amargura también provoca que experimentes problemas médicos. La amargura seca los huesos (ver Levítico 17:11). Como la sangre se produce en los huesos, la amargura te robará tu vida misma porque la vida del cuerpo está en la sangre.

Efesios 4:23 dice: "ser renovados en la actitud de su mente" (NVI). Tu actitud dictará tus actos. A medida que mi mente era renovada, igualmente lo fueron mis actos. La depresión y la dependencia de las drogas dejaron de ser parte de esos actos.

Un día decidí tirar por el baño todas las pastillas. Eso sucedió hace veintisiete años, y desde entonces no he tomado ninguna droga que altere el ánimo. Soy libre por el nombre de Jesús, liberada por su sangre y sanada por sus heridas.

El testimonio de George

Yo [George] sufrí por tantos años ataques de depresión tan debilitadores que estaba convencido de que no había forma de poder ser libre. De hecho, en el año 1969, antes de que Mary Jo y yo nos casáramos, le pregunté si sería posible que ella sobreviviera a mis ataques de depresión. Ella nunca me había visto en los abismos a los que tenía tendencia a descender, pues la mayor parte de nuestro noviazgo había sido estimulante e inspirador. Sin embargo, yo sabía que tarde o temprano la depresión regresaría, y quería que ella fuese consciente de ello. Si ella hubiera conocido lo horribles que eran mis depresiones, me pregunto si habría estado tan segura de poder tratar con ello.

Efectivamente, después de solo unas semanas de dicha como casados, vino sobre mí la primera sesión de depresión. Me metí en el dormitorio, me senté en el piso con mi guitarra Gibson, y comencé a tocar deprimente música country. Cuando llegaba la depresión, esa siempre había sido mi costumbre y continué con ella, como era de esperar. Mary Jo intentó romper la depresión y cuando esa táctica falló, ella hizo la siguiente cosa mejor: me ignoró. Eso era algo difícil de hacer, porque yo estaba justo en su camino cada vez que ella entraba al cuarto de baño, pero ella se las arreglaba para pasar por encima de mí y seguir con sus quehaceres. Después de unas doce horas en ese estado, yo salí y volví a ser el mismo de siempre; parecía como si no hubiera nada en particular que desencadenara un ataque de depresión; simplemente sucedía.

Nuestro matrimonio era muy gratificante para ambos, y nave-gábamos por la vida solamente con pequeños problemas (aunque la depresión no era en absoluto algo pequeño). Conforme pasaron los meses, los ataques de depresión se fueron distanciando más y más, pero cuando llegaban eran muy graves. Después, tras unos dos años de matrimonio, comenzamos a asistir a la iglesia y recibi-mos a Jesús como Señor y Salvador. Una nueva vida estaba en camino, y los dos teníamos hambre de la Palabra y de lo que Dios pudiera hacer en nuestras vidas. Cuando lo recuerdo en el presen-te, estoy muy agradecido de que Él me enseñase y enviase siervos dignos para ayudarme a encontrar el camino para hacernos libres a los dos en muchas áreas de nuestras vidas.

Ahora puedo mirar en retrospectiva y comprender cómo le di una patada al hábito de la depresión. ¡Gloria a Dios! Había tres cosas que me tenían atado, y ahora comprendo que esas tres cosas tenían que ser rotas en mi vida para que yo pudiera disfrutar de la libertad de la que disfruto ahora. En primer lugar, había iniquidad (o una tendencia en mi naturaleza) que fue traspasada desde mi abuelo Clouse, pues él también tenía ataques de depresión. Yo era un muchachito cuando él murió, así que no experimenté su depre-sión de primera mano, pero mi hermana mayor sí que lo hizo, y ella me contó de él y de las cosas que hacía y decía. Esa iniquidad debía ser desarraigada y expulsada de mi vida antes de que yo pudiera obtener alguna medida de alivio de la depresión.

En segundo lugar, mi mente tenía que ser renovada según la Palabra de Dios y no según el modo de pensar del mundo. Efesios 4:23 dice: "ser renovados en la actitud de su mente" (NVI). Dios, mediante el ministerio de un querido hermano, me dio algunas indicaciones sobre renovar mi mente y mi actitud. Tenía algunas tarjetas que me enseñaban exactamente qué debía hacer. (Encontrarás esto con más detalle más adelante en el libro.) Me enseñaban cómo hacer que los buenos pensamientos se transfor-maran en un hábito, y esos hábitos cambiaron mi actitud, la cual cambió mi forma de pensar negativa por otra positiva. Mis actos también se convirtieron en positivos, al igual que mi comportamiento. A medida que mi mente era renovada, lo eran también mis actos (y la depresión ya no formaba parte de esos actos).

En tercer lugar, y lo más importante, debemos apoyarnos en el Señor Jesús para que interceda por nosotros y nos libere. Actualmente, cuando miro atrás a mi vida y a mis repetidos ataques de depresión anteriores al año 1971, me sorprendo de haber podido sobrevivir a aquellos años. Mi vida hoy es tan satisfactoria que es difícil recordar aquella otra vida. Gloria a Dios que Mary Jo tuvo la suficiente fortaleza para ayudarme en aquel tiempo difícil, ¡y el Señor Jesús vino a rescatarme y a sacarme del fango!

LIBRE DE TRES AÑOS DE DEPRESIÓN

Sylvia Davenport, buena amiga mía y miembro de la junta de CRM e intercesora, y que viaja conmigo siempre que puede. Sylvia escribió este testimonio para nosotros acerca de la libertad de la depresión:

"En septiembre de 1976, después de tres años de profunda depresión, encontré la única cura verdadera: ¡Jesús!

Después de una histerectomía total a la edad de treinta años, y sin darme ningún tratamiento de sustitución de hormonas, quedé atrapada en una perpetua montaña rusa emocional. Me convertí en una esposa llorona, triste y molesta; la depresión casi me cuesta todo. Los médicos me dieron tranquilizantes y me recetaron partillas para subir mis ánimos, pero esos medicamentos ¡me convirtieron en una zombi! Estaba bajo tanta medicación que no era capaz de funcionar.

Cuando tenía depresión, era horrible. Había días en que yo no salía de la casa; me sentaba y daba vueltas a mis problemas. Sentía que sobre mi mente había una cúpula de pesados y oscuros ladrillos.

Fui a un psicólogo cristiano quien me sugirió que fuese examinada por un ginecólogo. Encontré un buen médico que me realizó análisis de sangre y descubrió que tenía un desequilibrio hormonal. Él me recetó hormonas y un tranquilizante suave; yo comencé a funcionar mejor mentalmente, pero seguía teniendo ataques de depresión. Todo esto se produjo a lo largo de un periodo de dos años, y durante aquel tiempo mi matrimonio casi quedó roto; yo tenía pensamientos suicidas, y solamente pesaba cuarenta y un kilos.

Una amiga me guió a Jesús. Me dijeron que leyera el libro de Filipenses dos veces al día durante cuatro semanas; yo lo hice fielmente, pues me dijeron que eso provocaría un cambio en mi vida. ¡Qué cierto era! En tres meses mi esposo, Gene, vio tal cambio en mi vida que pude guiarlo al Señor. Entonces comencé a confesar la Palabra de Dios leyendo en voz alta una lista de pasajes bíblicos tres veces al día.

Yo había estado acostumbrada a tomar medicación regularmente, así que en lugar de tomar tranquilizantes, citaba la Palabra regularmente. Citar y leer la Palabra en voz alta, que mi esposo orase por mí cada día y algo de consejería cristiana en la iglesia fueron el comienzo de una profunda sanidad para mí. Después de un periodo de renovar mi mente con la Palabra, el consejero hizo una oración de liberación para mí y fui totalmente liberada de la depresión. Cuando experimenté la liberación, sentí como si un peso fuese quitado de mi cabeza; me sentí ligera por primera vez en años y totalmente libre de la depresión. Eso sucedió hace ya veinticinco años, y sigo siendo libre. Toda la alabanza es para Jesús. Él es la respuesta."

TERCERA PARTE

BENEFICIOS DEL PERDÓN

11

TUVE QUE PERDONAR A MI PROPIA FAMILIA

Hay más personas que están en atadura debido a la influencia directa de la falta de perdón que debido a cualquier otra causa. Una de las verdades más importantes que podemos aprender cuando nos convertimos en cristianos es la verdad y el poder que hay en el perdón. Cuando perdonamos, vienen a nuestra vida una liberación y una libertad que no pueden llegar de ningún otro modo.

Una de las grandes lecciones sobre el perdón se encuentra en Mateo 18, que habla de un siervo cuyo amo le perdonó una gran deuda. Ese mismo siervo se negó a perdonar a otro consiervo suyo una deuda muy pequeña, y el amo hizo que le metieran en la cárcel por su falta de compasión. Espero que examines tu propia vida a medida que leamos las Escrituras y las implicaciones que contiene. Debido a que Dios nos perdonó, nosotros podemos perdonar a otros incluso cuando ellos no merezcan el perdón.

Pero antes leamos lo que Jesús dijo en Juan 20:23: "A quienes remitiereis los pecados, les son remitidos; y a quienes se los retuviereis, les son retenidos". La primera vez que leí este versículo quedé anonadada. ¿Significaba realmente que si yo no perdonaba a las personas ellas estarían atadas y que igualmente si ellas no me perdonaban a mí yo estaría atada? Ese era un concepto totalmente nuevo para mí, y comencé a estudiar la Palabra para ver si había comprendido el versículo correctamente.

Entonces descubrí la parábola de Jesús en Mateo 18:23-27:

> "Por lo cual el reino de los cielos es semejante a un rey que quiso hacer cuentas con sus siervos. Y comenzando a hacer cuentas, le fue presentado uno que le debía diez mil talentos. A éste, como no pudo pagar, ordenó su señor venderle, y a su mujer e hijos, y todo lo que tenía, para que se le pagase la deuda. Entonces aquel siervo, postrado, le suplicaba, diciendo: Señor, ten paciencia conmigo, y yo te lo pagaré todo. El señor de aquel siervo, movido a misericordia, le soltó y le perdonó la deuda".

Según los precios actuales, el valor de un talento de plata es aproximadamente de 1,950 dólares, lo cual significa que su deuda ascendía a unos dos millones de dólares. Ahora bien, después de que el rey le perdonase su deuda, ese siervo fue un hombre libre. ¡Libre! ¿Puedes identificarte con eso? ¿Has sido liberado alguna vez en tu vida por el Señor y, sin embargo, debido a alguna tontería que hiciste volviste a ponerte a ti mismo en atadura?

Sigamos leyendo el versículo 28 y veamos lo que ocurrió después en esta historia tal como Jesús la narró: "Pero saliendo aquel siervo, halló a uno de sus consiervos, que le debía cien denarios; y asiendo de él, le ahogaba, diciendo: Págame lo que me debes. Entonces su consiervo, postrándose a sus pies, le rogaba diciendo: Ten paciencia conmigo, y yo te lo pagaré todo. Mas él no quiso, sino fue y le echó en la cárcel, hasta que pagase la deuda".

Un hombre a quien cuyo amo le había perdonado una deuda de unos dos millones de dólares había comenzado a asfixiar a su consiervo para que le devolviese unos diecisiete dólares. Entonces, después de asfixiarlo, hizo que le echaran en la cárcel por impago de la deuda. ¿No es una triste escena? Es un triste hecho que muchas personas reaccionen de esa misma manera en el mundo en que vivimos en la actualidad; pero Dios tiene un plan mejor para nuestras vidas si nosotros solamente seguimos su dirección.

Sigamos leyendo en el versículo 31: "Viendo sus consiervos lo que pasaba, se entristecieron mucho, y fueron y refirieron a su señor todo lo que había pasado. Entonces, llamándole su señor, le dijo: Siervo malvado, toda aquella deuda te perdoné, porque me rogaste. ¿No debías tú también tener misericordia de tu consiervo, como yo tuve misericordia de ti? Entonces su señor, enojado, le entregó a los verdugos, hasta que pagase todo lo que le debía. Así también mi Padre celestial hará con vosotros si no perdonáis de todo corazón cada uno a su hermano sus ofensas".

Recuerda: era Jesús quien enseñaba, y Él dijo que el Padre celestial nos pondría en la cárcel (o en atadura) si nosotros ponemos a otros en atadura. En el mundo actual muchas personas buscan liberación, y con razón, pero muchos están atados y no pueden ser libres sencillamente a causa de la falta de perdón. Jesús dijo: "Entonces su señor, enojado, le entregó a los verdugos...". Piensa en eso por un momento. ¿Crees que Jesús quiso decir que nosotros seríamos entregados al diablo (el verdugo) si nos negásemos a perdonar? Si Él nos entrega a los torturadores, ¿crees que podemos obtener liberación sin perdonar? ¡Yo creo que no! Jesús escogió a sus doce discípulos y los envió en el poder y la autoridad de Él, y les dijo en Mateo 10:8: "De gracia recibisteis, dad de gracia". Yo creo eso porque, en el Cuerpo de Cristo, nosotros hemos recibido perdón de todos nuestros pecados del Padre celestial para que, de la misma manera, debamos perdonar a todos a pesar de cuál haya sido la ofensa. Puede que tú digas: "Pero es que tú no sabes lo que esa persona me hizo". En realidad no importa lo que te hiciera. La Palabra no dice que debemos perdonar si la persona merece ser perdonada. La Palabra simplemente dice: ¡perdonen!

El día en que Jesús colgaba de la cruz, miró hacia abajo y dijo: "Padre, perdónalos, porque no saben lo que hacen" (Lucas 23:34).

¿Quién crees tú que llevaba la razón en esa situación? La única persona que tenía la razón era Jesús y, sin embargo, Él fue quien los perdonó. ¿Comprendes el mensaje? Jesús los perdonó, y ahora nos corresponde a nosotros. Nosotros somos los únicos que podemos retener el pecado contra otra persona. Ya es hora de que comencemos a tratar con lo que Dios dice acerca del perdón y las relaciones y obedezcamos su Palabra.

Yo sé que es difícil hacer lo que el Señor pide. Yo estuve un día tratando con un hermano que tenía muchos problemas. Cuando compartí con él acerca del perdón, él dijo: "Pero yo no quiero hacer eso. Si lo hago, cambiará mi personalidad y seré otra persona". Yo le miré fijamente y repliqué: "Si esperas obtener victoria con Dios, vas a tener que cambiar y ser otra persona". Si tú quieres victoria en tu vida, debes caminar en obediencia al Señor. La Palabra declara: "Si vosotros permaneciereis en mi palabra, seréis verdaderamente mis discípulos; y conoceréis la verdad, y la verdad os hará libres" (Juan 8:31-32). Cuando comenzamos a comprender que la verdad realmente nos hará libres, estaremos dispuestos a hacer lo que Dios pide.

UNA RELIGIÓN DE CORRECTA RELACIÓN

He llegado a comprender que no marca diferencia alguna en absoluto quién llevase razón y quién estuviese equivocado para provocar falta de perdón. La única persona con la que necesitas tener una correcta relación es Dios mismo. Cuando tu relación con Él es correcta, entonces a su vez tu relación con tu hermano o hermana es correcta; tu relación horizontal es la misma que tu relación vertical. Tu relación con tu Padre celestial es un reflejo de tu relación con las personas con las que te relacionas. En 1 Juan 4:20 leemos: "Si alguno dice: Yo amo a Dios, y aborrece a su hermano, es mentiroso...". Esas son palabras fuertes, ¡pero son palabras de Dios! ¡Medita en eso!

Jesús fue nuestro ejemplo de perdón. Debemos seguir su ejemplo y perdonar libremente, tal como Él lo hizo, sin importar quién tiene la culpa. Veamos otro ejemplo de su enseñanza en el sermón del Monte: "Por tanto, si traes tu ofrenda al altar, y allí te acuerdas de que tu hermano tiene algo contra ti, deja allí tu ofrenda delante del altar, y anda, reconcíliate primero con tu hermano, y entonces ven y presenta tu ofrenda" (Mateo 5:23-24). Jesús dijo: "Si te acuerdas de que tu hermano tiene algo contra ti...". No pienses en quién te ofendió; ¡enfócate en si otros piensas que tú los has ofendido!

Muchas veces pensamos que el cristianismo es una religión de correcta doctrina, cuando en realidad es una religión de correcta relación. La Biblia dice que debemos ir y reconciliarnos y después ir al altar y adorar a Dios cuando seamos libres. Entonces no solamente somos libres, sino que a su vez liberamos a nuestro hermano. ¡Aleluya! En el proceso de ir a tu hermano, no solamente lo liberas a él o ella sino que también te liberas a ti mismo.

Hace algunos años mi esposo y yo tuvimos un altercado con un hermano en el Señor que era pastor. Estábamos asociados con él en el ministerio pero sentimos que el Señor nos guiaba con fuerza a asistir a otra iglesia. La iglesia de este hermano estaba a cierta distancia de nuestra casa, y habíamos estado asistiendo aproximadamente un año cuando el Señor nos indicó que debíamos marcharnos. Cuando le dijimos que sentíamos que debíamos asistir a otra iglesia, él no estuvo de acuerdo con nuestra decisión; él se volvió bastante desagradable por la situación, pero nosotros permanecimos firmes en nuestra decisión y nos negamos a ofendernos. Dios nos había estado enseñando acerca del perdón, y nosotros a su vez los bendijimos a él y a su familia regalándoles toda la Biblia en audiocasete. En aquel momento ese fue un regalo impresionante. ¿Sentía mi carne ganas de hacerle un regalo? ¡No! Pero Dios nos indicó que lo hiciéramos, y debido a eso tanto nosotros como nuestro hermano fuimos liberados. Todo se resumía a lo que nosotros hicimos con la situación; no era cuestión de si él era inocente de maldad o si nosotros éramos inocentes de maldad. Lo que importaba fue que le perdonamos. Nosotros no tenemos que demostrar que tenemos razón; solamente tenemos que demostrar que estamos dispuestos a perdonar.

Jesús enseñó a sus discípulos a orar: "Y perdónanos nuestras deudas, como también nosotros perdonamos a nuestros deudores" (Mateo 6:12). Esta enseñanza estaba en el núcleo de lo que ahora denominamos el Padrenuestro. Después Él explicó por qué era tan importante perdonar a otros: "Porque si perdonáis a los hombres sus ofensas, os perdonará también a vosotros vuestro Padre celestial; mas si no perdonáis a los hombres sus ofensas, tampoco vuestro Padre os perdonará vuestras ofensas" (Mateo 6:14-15). A pesar de lo mucho que lo intente, estoy segura de que en algún momento haré algo a mi hermano o hermana que no debiera hacer. De igual modo, en algún momento y en alguna situación, ellos a su vez me ofenderán. Jesús dice que si yo no los perdono, ¡entonces el Padre no me perdonará a mí! Eso es fuerte. Parece que no tengo elección: ¡debo perdonar! Y continuaré orando para que ellos también me perdonen a mí y así ambos seamos libres.

Ama, haz el bien, bendice y ora

Jesús dio otra poderosa enseñanza sobre cómo tratar a un enemigo en Lucas 6:27-28: "Pero a vosotros los que oís, os digo: Amad a vuestros enemigos, haced bien a los que os aborrecen; bendecid a los que os maldicen, y orad por los que os calumnian". Jesús nos dio cuatro indicaciones aquí; dijo que los amásemos, les hiciésemos bien, los bendijésemos y orásemos por ellos. Ya es hora de que los cristianos aprendamos a hacer esas cuatro cosas en lugar de guardar falta de perdón hacia otros.

Dios trató conmigo de forma poderosa con respecto a este pasaje. Hace algunos años mi esposo y yo asistimos a una reunión de oración que dirigía un evangelista. Hubo cantos y testimonios, y ambos lo disfrutamos tremendamente. Entonces el evangelista preguntó si alguien quería oración individual, y los dos pasamos al frente porque teníamos hambre de Dios. Mediante una palabra de conocimiento, el evangelista me preguntó:

—¿A quién necesita perdonar?

—A nadie—respondí yo.

—¿Y a su ex marido?

La idea de perdonarlo me ponía furiosa, porque él me había abandonado dejándome con dos niños pequeños. Yo pensaba que le había perdonado, pero a medida que la ira se acumulaba en mi interior, supe que no lo había hecho. Él era realmente mi enemigo, y yo no quería perdonarle. Me las arreglé para musitar las palabras: "Le perdono", y ardientes lágrimas corrieron por mis mejillas. Cuando fui liberada de la falta de perdón una nueva y duradera paz me invadió.

Mi esposo estaba más o menos en la misma situación que yo. Su ex esposa también era una manzana de contención para él. Él, a su vez, la perdonó y también fue tocado por el Espíritu y experimentó esa misma paz limpiadora. Después de perdonar a nuestras anteriores parejas, en las subsiguientes semanas seguimos las instrucciones que Jesús dio en su Palabra. Comenzamos a hacerles bien. Yo hasta llegué a regalar algunas ropas a la nueva esposa de mi ex marido, pues ella las necesitaba mucho. Cuando eso ocurrió, supe que había perdonado verdaderamente. Comenzamos a bendecidles, y sobre todo comenzamos a orar por ellos. En un periodo de seis meses, nuestras anteriores parejas fueron salvas y comenzaron a asistir a la iglesia. La Palabra de Dios funcionará en nuestras vidas si solamente le damos una oportunidad.

"Al que te hiera en una mejilla, preséntale también la otra; y al que te quite la capa, ni aun la túnica le niegues. A cualquiera que te pida, dale; y al que tome lo que es tuyo, no pidas que te lo devuelva. Y como queréis que hagan los hombres con vosotros, así también haced vosotros con ellos. Porque si amáis a los que os aman, ¿qué mérito tenéis? Porque también los pecadores aman a los que los aman. Y si hacéis bien a los que os hacen bien, ¿qué mérito tenéis? Porque también los pecadores hacen lo mismo. Y si prestáis a aquellos de quienes esperáis recibir, ¿qué mérito tenéis?

Porque también los pecadores prestan a los pecadores, para recibir otro tanto. Amad, pues, a vuestros enemigos, y haced bien, y prestad, no esperando de ello nada; y será vuestro galardón grande, y seréis hijos del Altísimo; porque él es benigno para con los ingratos y malos. Sed, pues, misericordiosos, como también vuestro Padre es misericordioso."

—Lucas 6:29–36

Cuando una de mis amigas escuchó por primera vez esta enseñanza, de inmediato sintió convicción porque ella continuamente se quejaba de personas que le pedían prestados libros y se demoraban mucho para devolvérselos. Cuando sintió la convicción, inclinó su cabeza y le pidió a Dios que la perdonara por sus quejas. También declaró: "Perdono a todas las personas que en algún momento no me hayan devuelto lo que les presté, sin importar lo que fuese y cuándo fuese. Amén". Ella sintió que la paz invadía su alma, y estuvo segura de que era libre de los sentimientos.

Lo que ella no esperaba fue lo que comenzó a ocurrir casi de inmediato. Personas comenzaron a devolverle sus libros, cintas y otros diversos objetos que ella les había prestado en el pasado. Para sorpresa de ella, la oración no solamente la liberó sino que esa oración también liberó a los demás, quienes a su vez le devolvieron numerosas cosas que ella les había prestado.

¡Qué concepto tan emocionante! El versículo 37 lo resume: "No juzguéis, y no seréis juzgados; no condenéis, y no seréis condenados; perdonad, y seréis perdonados".

NO JUZGAR, NO CONDENAR, Y PERDONAR

Mi esposo y yo en realidad tuvimos que concentrar nuestros esfuerzos respecto a Lucas 6:37 en nuestras familias: no juzgar, no condenar y perdonar. George no fue salvo hasta después de haber criado a sus tres hijos. Los había criado fuera de la iglesia, y de inmediato comenzamos a orar para que ellos y sus parejas recibieran al Señor. Sus dos hijas y sus esposos nacieron de nuevo, y después toda la familia se unió para que se produjera la salvación del hijo mayor. Leemos en Mateo 18:19: "Otra vez os digo, que si dos de vosotros se pusieren de acuerdo en la tierra acerca de cualquiera cosa que pidieren, les será hecho por mi Padre que está en los cielos". Eso es lo que Jesús dijo, así que nos apoyamos en esa palabra y todos nos pusimos de acuerdo.

Él era bastante rebelde, conducía una motocicleta chopper (de manillar alto y asiento alargado) e hizo muchas cosas que no debiera haber hecho. George, desde luego, previamente le había juzgado, condenado y constantemente hablaba mal de él. Cuando recibimos la revelación sobre el perdón, dejamos de juzgar, dejamos de condenar, y le perdonamos y comenzamos a amarle, a hacerle bien, a bendecidle y a orar por él. Una vez más, Dios fue fiel a su Palabra, pues un par de meses después ¡él también fue salvo!

Yo también comencé a ver a mi familia bajo una luz diferente. Siempre había sentido que mi mamá y mi papá no querían tener otro hijo cuando yo nací. Eran los años de la Depresión, y ya había otros cuatro niños en la familia, y apenas había comida suficiente para seguir adelante. Yo, mediante la rebelión, me había ido de casa en mis años de adolescencia, pensando que todo iría mejor si yo no estaba. Ellos, a su vez, sintieron condenación debido a que no podían satisfacer las necesidades de una muchacha adolescente.

A medida que Lucas 6:37 ardía en mi corazón, acudí a mis padres y les pedí que me perdonaran por haber sido una hija rebelde. Fue una sorpresa para mí que ambos llorasen e insistiesen en que fue culpa suya porque no sabían cómo tratar los momentos difíciles. Descubrí que ninguno de nosotros estuvo equivocado en aquella situación en particular. Debido a los malentendidos y por negarnos a hablar de ello y perdonar, habíamos desperdiciado muchos años en los que podríamos haber estado más relacionados y mucho más felices. Resulta vergonzoso que yo tardase tantos años en perdonar y en causar el perdón que produjo una libertad

tan milagrosa. En los últimos años de las vidas de mis padres verdaderamente disfrutamos los unos de los otros debido a la verdad
de la Palabra. Siempre que estábamos juntos nos emocionábamos
y teníamos un gran compañerismo.

Mis padres vivían en Arkansas y nosotros vivíamos en Florida,
pero nos manteníamos en estrecho contacto por teléfono. Mamá me
llamó un día y me dijo que no había dormido bien la noche anterior
a causa de un pequeño grupo de jóvenes que se había reunido fuera
de su casa al lado de la farola de la calle y que había estado hablando
y riendo la mayor parte de la noche. Ellos habían hecho eso varias
veces por semana, y ella se sentía muy agitada por ello; hasta llamó a
la policía un par de veces. Cada vez el grupo se fue antes de la que
llegase la policía, y por eso la policía no había podido arreglar nada.
El Señor de inmediato me recordó Lucas 6:37. Yo le dije a mamá que
ella tenía que perdonarlos y liberarlos. Mamá no sintió demasiado
entusiasmo con esa idea, pero de todas maneras asintió en hacerlo.

¿Puedes creer que ese problema se resolvió? Después de que ella
orase y los perdonase, ellos inmediatamente cambiaron sus hábitos y
la siguiente semana una persona de aquel grupo encontró la salvación.
Mamá se convirtió en una verdadera creyente en el poder del perdón.
Ella no solamente los perdonó sino que también comenzó a hacerles
bien, a bendecirlos y a orar por ellos. Ella no conocía el nombre de
cada individuo, pero decía en voz alta los nombres que sí conocía y le
pedía al Señor que también bendijese al resto de ellos. Eso marcó una
gran diferencia en su vida, y también cambió las vidas de ellos.

Las lecciones sobre el perdón fueron la forma en que Dios me
introdujo a las verdades que se hayan detrás de ser libre de las ataduras. De todas las raíces que causan las maldiciones, la falta de dispo-
sición para perdonar es la más común. Hay más personas que siguen
atadas debido a la influencia directa de la falta de perdón que por
cualquier otra causa. En los siguientes cuatro capítulos veremos cómo
perdonar para poder experimentar: prosperidad, restauración matrimonial, sanidad y unidad en las relaciones.

EL PERDÓN TRAE PROSPERIDAD

Para la mayoría de nosotros el problema de la falta de perdón se produce debido a nuestra carne. Somos ofendidos y sentimos que estamos perfectamente justificados por la forma en que nos sentimos y, por lo tanto, nos negamos a perdonar. Si leemos Isaías 40:6b-8 Dios define lo que es importante: "Que toda carne es hierba, y toda su gloria como flor del campo. La hierba se seca, y la flor se marchita, porque el viento de Jehová sopló en ella; ciertamente como hierba es el pueblo. Sécase la hierba, marchítase la flor; mas la palabra del Dios nuestro permanece para siempre". Nuestra carne dice que estamos heridos y nos negamos a perdonar. ¡La Palabra de Dios permanece para siempre! Él dice que debemos perdonar. Es hora de que nosotros, en el Cuerpo de Cristo, zanjemos este asunto de una vez por todas.

De la misma manera debemos zanjar el asunto de la prosperidad. Pablo enseñó en 2 Corintios 8:9: "Porque ya conocéis la gracia de nuestro Señor Jesucristo, que por amor a vosotros se hizo pobre, siendo rico, para que vosotros con su pobreza fueseis enriquecidos". Jesús hizo provisión al ir a la cruz, pero nos corresponde a cada uno de nosotros caminar en fe para que su provisión se cumpla.

Al leer en el Antiguo Testamento, encontramos que la palabra más completa sobre la prosperidad se encuentra en Josué 1:8: "Nunca se apartará de tu boca este libro de la ley, sino que de día y de noche meditarás en él, para que guardes y hagas conforme a todo lo que en él está escrito; porque entonces harás prosperar tu camino, y todo te saldrá bien". Yo no tengo duda de que la intención de Dios sea que nosotros hagamos exactamente lo que este pasaje dice. Debemos leer la Biblia, meditar en la Biblia, hablar sobre la Biblia, guardar todo lo que está escrito en la Biblia, hacer todo lo que la Biblia nos dice que hagamos... y entonces... ¡nuestro camino será próspero!

Hace varios años éramos buenos amigos de una pareja aproximadamente de nuestra misma edad. Los llamaré Bill y Lisa (no son sus nombres reales) para relatar la historia. Estábamos muy relacionados con ellos en nuestra iglesia en aquel tiempo y teníamos compañerismo con regularidad. Ellos acudieron a nosotros y nos pidieron ayuda respecto a un difícil problema en su vida. Sus facturas se habían amontonado hasta parecer casi insuperables. Ellos amaban al Señor, intentaban desesperadamente andar en sus caminos, creían que deberían estar caminando en prosperidad, pero parecía que no eran capaces de llegar a fin de mes. Los dos tenían buenos trabajos y ganaban un buen salario, pero sin embargo las cosas no se equilibraban.

Mi esposo y yo hablamos con ellos y decidimos reunirnos en su casa la semana siguiente. Mi esposo les pidió que pusieran todas sus facturas sobre la mesa, y oraríamos por ellas. Ellos eran muy receptivos, y el día acordado prepararon todo de la forma en que les pedimos. Los cuatro nos reunimos alrededor de la mesa de la sala, donde estaban extendidas todas las facturas, y comenzamos a orar. Le pedimos a Dios que nos mostrara exactamente cómo quería Él manejar la situación.

Cuando comenzamos a mirar los conceptos de las facturas, quedamos pasmados. Había facturas de tarjetas de crédito, facturas de grandes almacenes, facturas de farmacias, facturas de muebles, facturas de la electricidad, facturas de teléfono, facturas de renta, etc., etc. Bill se tomó el tiempo de sumarlas todas, y ascendían a una cantidad de cinco cifras. Parecía que nadie podría meterse en un problema económico tan grande. Lo primero que mi esposo miró fue la factura de la luz, que era de varios cientos de dólares. En Florida hace calor, y por eso el aire acondicionado estaba puesto casi todo el día, y parecía que casi todas las luces de la casa estaban encendidas. Ellos tenían dos hijos adolescentes que constantemente entraban y salían de la casa, dejándose las puertas abiertas con el aire acondicionado funcionando. Les sugerimos que apagasen las luces cuando salieran de una habitación, y que cerrasen las puertas cuando salieran de la casa. Lisa dijo: "¿Y qué diferencia marcará eso? Es una cosa pequeña, comparada con el total". Le aseguramos que esos eran pasos ciertamente pequeños, pero Dios espera que hagamos nuestra parte y entonces Él hará la suya.

Entonces los dirigimos a ir fuera, donde estaba el medidor de corriente eléctrica, pusimos las manos sobre él y le pedimos a Dios que quitase todo el sobrante. Ellos verdaderamente necesitaban electricidad, pero sus facturas eran demasiado elevadas. Como su medidor de corriente estaba justo al lado de la carretera, todo el mundo podía vernos a los cuatro poniendo las manos sobre él y orando. Jesús dijo en Lucas 9:26: "Porque el que se avergonzare de mí y de mis palabras, de éste se avergonzará el Hijo del Hombre cuando venga en su gloria, y en la del Padre, y de los santos ángeles". Nosotros no nos avergonzamos, y oramos con fervor. Vaya escena debió de haber sido: los cuatro con nuestras cabezas inclinadas y nuestras manos sobre el medidor de corriente a la vez que pasaba por nuestro lado una fila constante de autos.

Después regresamos a la casa y ungimos con aceite cada puerta, orando para que Dios supliera todas sus necesidades pero que a su vez quitara todo lo que se estaba desperdiciando. De repente, el Señor recalcó en mi mente una pregunta, y de inmediato le pregunté a Lisa: "¿Tienes falta de perdón hacia alguna persona?". Ella admitió que sí tenía: hacia su ex marido. Él la había abandonado a ella y a sus dos hijos, dejándola con una montaña de facturas. Ella dijo: "¡Él es un gusano rastrero!". Ella y Bill llevaban casados solamente unos dos años y no habían podido ponerse al día en los pagos; de hecho, cada día tenían más deudas. Esa era la razón de que necesitasen ayuda tan desesperadamente.

Yo ministré a Lisa acerca de la importancia del perdón, y ella de inmediato agarró la revelación. Con lágrimas en sus mejillas, ella le perdonó y le pidió a Dios que la perdonara a ella. Entonces oró y le bendijo a él, dondequiera que estuviera. Bill también hizo su parte de perdonar y arrepentirse. Se podía sentir la electricidad en el aire a medida que el Espíritu Santo empapaba aquella área de la sala. Después de las oraciones de perdón, pusimos las manos sobre el montón de facturas y le pedimos a Dios que hiciera un milagro y las eliminara. Entonces le pedimos a Bill que calculara el total de las facturas cada mes y que hiciera una anotación tangible de cada vez que viera a Dios obrar. Mientras tanto, ellos trabajarían con diligencia para disminuir el saldo. Cada uno de ellos debía hacer su parte en cuanto a apagar luces, resistirse a comprar en rebajas y realizar un esfuerzo consciente para salir de la deuda.

Al final del primer mes, Bill llegó apresuradamente a nuestra reunión de oración semanal, muy emocionado. "Casi no puedo creerlo —exclamó—; totalicé las facturas y es de casi dos mil dólares menos que el total del mes pasado. ¿Cómo ha podido ser? ¡No creía que habíamos pagado tanto! Y además de eso, nuestra factura de la luz llegó hoy y el importe fue la mitad del que pagamos el mes pasado".

Todos compartimos su emoción, y allí mismo decidimos que Dios puede hacer las cosas del modo en que desee, aunque nosotros lo entendamos o no. De hecho, yo concluí que mi cerebro no podía entender a Dios, y que aunque pudiera, eso haría que Dios no fuese mayor que mi cerebro, ¡y yo en absoluto quería eso!

Cada semana durante nuestra reunión de oración, Bill y Lisa compartieron lo que Dios estaba haciendo, lo cual fue una bendición para cada uno de nosotros. A medida que fueron pasando los meses, se fueron cancelando las deudas individuales, y después de un año ellos anunciaron que todas estaban pagadas. Muchas veces yo he pensado en cada uno de ellos perdonando; ellos habían intentado con sinceridad caminar en la bendición de Dios, pero no lo habían logrado debido a la falta de perdón. Una vez que fue rota esa atadura en ellos, la bendición siguió. Ellos descubrieron 2 Corintios 9:6-8: "Pero esto digo: El que siembra escasamente, también segará escasamente; y el que siembra generosamente, generosamente también segará. Cada uno dé como propuso en su corazón: no con tristeza, ni por necesidad, porque Dios ama al dador alegre. Y poderoso es Dios para hacer que abunde en vosotros toda gracia, a fin de que, teniendo siempre en todas las cosas todo lo suficiente, abundéis para toda buena obra". Ellos han descubierto, con las bendiciones de Dios sobre sus finanzas en lugar de las maldiciones de la falta de perdón, que este pasaje era realmente verdad.

Con todas sus deudas por tarjetas de crédito y otras facturas pagadas, ellos pudieron comprarse una casa en lugar de alquilarla, lo cual hacían en aquel momento. Después ellos comenzaron a tener reuniones de oración en su hogar y a moverse en el poder del ministerio al cual Dios los había llamado. Aproximadamente un año después, ellos comenzaron una iglesia, y Dios ha continuado bendiciendo sus vidas. Esa es una prueba concluyente del poder de obedecer a Dios, perdonar a todos y liberar a las personas de las ataduras.

El perdón sana los matrimonios

13

Cuando alguien nos hace mal, sentimos como si él o ella nos hubieran quitado algo que nos pertenecía, sin importar lo que pudiera haber sido. Podría ser paz, felicidad, gozo o algo tangible, y ahora ellos nos lo deben a nosotros. Cuando tenemos falta de perdón, eso significa que los hacemos responsables por cualquier cosa que creamos que nos han quitado. Esto es más destacado en personas que tienen problemas matrimoniales. En Efesios 4:32 leemos: "Antes sed benignos unos con otros, misericordiosos, perdonándoos unos a otros, como Dios también os perdonó a vosotros en Cristo". Ya que Dios nos perdonó, entonces nosotros, de igual manera, debiéramos perdonar a cualquiera que nos haga mal.

Yo descubrí que esto era cierto con unos buenos amigos hace unos años. Esta pareja —los llamaré John y Pauline— fue atraída a mi esposo y yo, pero parecía haber algún tipo de conflicto entre

153

ellos. Cada uno de ellos era muy dulce a su manera. A nosotros nos caían bien los dos, pero había un espíritu subyacente que salía a la luz de vez en cuando. Finalmente, nos sentamos a hablar con ellos y a intentar llegar a la raíz del problema.

Ellos llevaban casados treinta y cuatro años y tenían dos hijos que también estaban casados, tenían sus propios hijos y vivían en otra parte del país. Primero oramos por John, y él fue tocado por el Espíritu y rompió a reír mientras estaba tumbado en el piso. Pauline nos confió que era la primera vez que le había oído reír así en años. ¡Vaya desperdicio de años!

Después llegó el turno de Pauline. Ella comenzó a relatar su historia de heridas, desengaños, resentimiento y una acumulación masiva de falta de perdón. Las lágrimas rodaban por sus mejillas a medida que ella iba perdonando. Mientras el Señor trataba con cada uno de ellos, oramos por ellos y pudimos ver literalmente cómo la depresión se iba. John dijo que ellos habían seguido juntos durante años meramente por el sentido de obligación que tenían de que debían hacerlo. Continuamos hablando para llegar a la raíz misma de sus problemas.

Ellos habían sido salvos y conocían al Señor, pero hubo muy poco cambio en su matrimonio. Después Pauline tuvo que someterse a una operación de ovarios, lo cual, a su vez, hizo que ella fuese fría e indiferente hacia cualquier intimidad con su pareja. John nos confió que eso había puesto más presión a su ya tenso matrimonio. Dios le había liberado de fumar y beber cuando fue salvo, así que él le pidió que también le liberara de los deseos sexuales. Dios hizo exactamente eso, y el matrimonio había continuado por ese camino pedregoso, con muy poca satisfacción para los dos.

Según el Espíritu Santo me indicó, sentí que aquel era el momento para orar. Instamos a cada uno de ellos a perdonarse mutuamente por todos los años que sentían que habían desperdiciado. Cada uno de ellos quería que sus vidas fuesen más felices y más satisfactorias, solo que no sabían cómo hacer que eso sucediera. John perdonó a Pauline por cada una de las veces en que había sentido resentimiento, y ella a su vez le perdonó a él por todas las heridas y las decepciones. El poder de Dios estaba sobre cada uno de ellos a medida que comenzaron a ser libres de las ataduras en las que habían estado caminando. Se fueron aquella noche con una nueva determinación a amarse el uno al otro completamente y sin reservas. Cuando se fueron a su casa, agarrados del brazo, los bendijimos.

John más tarde nos dijo lo que había sucedido. Ambos llegaron a su casa y se fueron a la cama como de costumbre, en camas separadas. A la mañana siguiente Pauline se sintió deprimida, así que se arrodillaron al lado de sus camas y oraron juntos para comenzar el día. Más tarde durante el día, ella dijo: "Le prometí a Dios anoche que haría todo lo que pudiera para cumplir con mis obligaciones maritales como esposa, y oré para que pudiéramos volver a disfrutar de la intimidad como lo hacíamos hace años". John admitió que desde que él oró al Señor que le quitara los deseos sexuales tenía graves dudas con respecto a ser capaz de tener relaciones; sin embargo, sintió que debía confiar en Dios, así que oró para que Dios volviese a despertar sus deseos.

Cuando se arrodillaron al lado de la cama aquella noche para orar, cada uno de ellos comenzó a reírse incontroladamente, y Dios sanó ese matrimonio. Mi esposo y yo seguimos conociendo a esa pareja, y su matrimonio permanece fuerte y vibrante. ¡Qué bendición es el perdón! Un matrimonio que lo era solamente de nombre se convirtió en un hermoso testimonio para el Señor.

Siempre tienes elección sobre si quieres perdonar o no. El perdón es una decisión. ¡La falta de perdón es pecado! El Salmo 66:18 dice: "Si en mi corazón hubiese yo mirado a la iniquidad, el Señor no me habría escuchado". Eso significa que si yo no tengo iniquidad, entonces Él me escuchará. Eso es lo que sucede cuando los esposos y las esposas se perdonan el uno al otro.

SOLTAR EL PASADO

Mi esposo y yo hemos tratado con parejas en nuestra iglesia que necesitaban consejería, y muchas veces es solamente cuestión de hablar las cosas y dejar abiertas las líneas de comunicación. Otras veces hay problemas que son mucho más profundos, y normalmente esos problemas están centrados en el perdón, o para decirlo sin rodeos, la falta de perdón por parte de uno o ambos cónyuges. Nosotros éramos buenos amigos de una pareja así. Ellos parecían bastante felices la mayor parte del tiempo, pero ocasionalmente se ponían furiosos de modo inexplicable. Ellos nos preguntaron si podrían visitarnos en casa y hablar de algunos asuntos, y nosotros los invitamos.

Los cuatro nos sentamos y de inmediato comenzamos a instarlos para descubrir la raíz del problema. Yo soy una persona que confronta por naturaleza, y siento que cuando antes se destape el problema, antes se encontrará la solución. Tanto Jim como Rita (no son sus verdaderos nombres) habían estado casados anteriormente. Jim era divorciado con dos hijos de un matrimonio anterior, y Rita era viuda y también tenía dos hijos. Ambos sabían, debido a sus experiencias pasadas, que una situación como esa crearía muchas oportunidades para la falta de perdón en la vida de cada persona. Yo comencé a hacerles preguntas sobre cómo se sentían con respecto a los hijos del otro, sus anteriores parejas, etc. Para sorpresa mía, parecía no haber problemas en esa área. Mi esposo y yo nos miramos preguntándonos con nuestros ojos dónde ir en aquel punto. Nos detuvimos y oramos para que el Espíritu Santo nos guiase y que no desperdiciáramos tiempo sino que llegáramos a la raíz del problema.

—¿Qué parece provocar sus desacuerdos?—le pregunté a Rita.

—Una cosa se debe a que él sea tan desaliñado—respondió ella—. Cada vez que vamos a ir a la iglesia y le preguntó qué corbata y chaqueta se va a poner, y él me dice que ninguna, eso hace que todo comience. Él sabe que a mí no me gusta que vaya desaliñado a la iglesia. Intento llevarlo al centro comercial para que se compre un traje nuevo pero él no quiere.

—No quiero un traje nuevo—dijo él—; ni siquiera quiero ponerme la chaqueta deportiva que tengo ahora.

Yo quedé consternada por la ferocidad de su intercambio de palabras.

—¿Acaso ya no le quieres?—le pregunté a Rita.

—Es repulsivo para mí—dijo ella escupiendo literalmente las palabras.

Mi esposo más tarde me dijo que él perdió la esperanza en ese punto; sintió que esas palabras habían sido tan duras, reivindicativas e hirientes que tendríamos difícil hacer que llegaran a un acuerdo de cualquier tipo en esa sesión. Me dijo que él estaba listo para terminar ahí y esperar a otro día, pero Dios me guió a que profundizase un poco más.

—¿Por qué no quieres llevar chaqueta y corbata?—le pregunté a Jim, buscando algo que rescatara nuestra charla.

—No lo sé—respondió Jim de modo práctico—; supongo que todo se remonta a que mi mamá siempre quería que me arreglara para ir a la iglesia.

—¿Y qué tiene eso de malo?—continué mi búsqueda.

—Yo no quería hacerlo porque ella era una hipócrita—la voz de Jim se entrecortó al decirlo. Tras quizá un minuto, al estar nosotros en silencio, continuó—. Yo tenía unos cinco años cuando mi padre y mi madre comenzaron a discutir un domingo en la mañana mientras ella preparaba el desayuno. Él dijo algo que a ella no le gustó, y ella se volvió y le golpeó en la cabeza con la sartén. Él comenzó a sangrar bastante, así que llamaron a una ambulancia y le llevaron al hospital. Después de que se lo llevaran, ella me hizo ponerme mi chaqueta y mi corbata e ir a la iglesia. Yo estaba furioso porque mi papá tenía una grave herida, y ella quería que yo fuese a la iglesia con chaqueta y corbata—. En ese punto rompió a llorar.

—Oh, cariño—dijo Rita a la vez que le rodeaba con sus brazos (era la misma señora que había dicho que él era repulsivo para ella unos minutos antes). Los siguientes cinco minutos los pasamos con ella meciéndolo en sus brazos y él sollozando al recordar esa herida.

Después de unos minutos, nos calmamos y analizamos toda la situación. Jim nunca había pensado sobre lo que le hacía enojarse tanto cada vez que Rita mencionaba que él se arreglara para ir a la iglesia. Con ternura le guiamos en una oración para que perdonara tanto a su mamá como a su papá. Luego guiamos a Rita en una oración de arrepentimiento por todas las veces en que ella le había hostigado. ¡Qué tiempo de libertad se produjo como resultado!

El Salmo 78:38 habla de la misericordia de Dios: "Pero él, misericordioso, perdonaba la maldad, y no los destruía". La iniquidad de Jim (tendencia en su naturaleza) había estado ahí por muchos años, y él ni siquiera comprendía de dónde provenía. Aun así, cuando la iniquidad fue sacada a la luz y Jim perdonó a su madre, entonces el perdón también se produjo en Rita, y su matrimonio fue sanado. Al día siguiente los dos fueron al centro comercial y compraron un traje para Jim, y el domingo en la mañana él con orgullo se lo puso para ir a la iglesia. No solamente eso, sino que hace ya más de cinco años desde aquel incidente y ellos testifican que su matrimonio es más feliz de lo que fue nunca debido al poder del perdón.

El perdón
trae sanidad

Siempre debemos recordar que el perdón implica a tres partes. En primer lugar, el perdón afecta a la otra persona; en segundo lugar, el perdón está íntimamente relacionado con Dios, que es el acreedor en última instancia, o a quien se le deben todas las deudas; en tercer lugar, el perdón provoca cambios en nosotros. Cuando liberamos a otros de sus deudas, nosotros, a su vez, nos liberamos a nosotros mismos de los efectos dolorosos que han tenido sobre nosotros. Cuando albergamos amargura contra otros, esa amargura nos carcome. La única manera de sacar ese veneno de nuestro sistema es perdonando a los demás.

RECHAZO

Hace aproximadamente tres años, en la conferencia de mujeres de Charisma, yo enseñaba un taller sobre romper maldiciones generacionales. Al final de la sesión, después de que hubiera hecho una oración de liberación, una señora se me acercó y dijo: "Yo tengo múltiples problemas". Ella llevaba lentes con unos cristales muy gruesos que eran muy oscuros y curvados en sus sienes. Ella dijo que tenía una enfermedad ocular hereditaria que estaba empeorando, y la habían declarado ya legalmente ciega. El informe del médico decía que ella quedaría ciega en un breve periodo de tiempo y que no había nada que pudieran hacer para ayudarla.

Yo puse mi brazo alrededor de ella y comencé a orar por ella, y de inmediato recibí una palabra de conocimiento de parte del Espíritu Santo. Hablé con valentía y dije: "¿Qué le sucedió cuando tenía ocho años de edad que trajo rechazo a su vida?". Ella comenzó a llorar y dijo que el rechazo provenía de su padre. "Debe usted perdonarlo, sea lo que fuere que causó el rechazo", le dije yo. La guié con ternura en una oración, y ella lo perdonó y le pidió a Dios que la perdonara a ella por haber guardado resentimiento contra él todos aquellos años. Ella sintió un gran alivio y siguió su camino.

Pasó más o menos un año y esa señora se me acercó y me dijo: "Usted no me recuerda, ¿verdad?". Yo la miré, y sí que me resultaba vagamente familiar, pero tuve que admitir que no la recordaba. Entonces ella me contó su historia. Había vivido en Panama City y estaba muy desanimada, cuando una amiga le pidió que asistiera a la conferencia. Esa amiga había pagado su viaje y había organizado el modo de llegar, ya que la vista de ella era demasiado mala para poder conducir un auto. Después de asistir a mi taller, ella pasó adelante para recibir oración y fue entonces cuando yo le di la palabra de conocimiento. Ahora ella fue capaz de hablarme del rechazo que había ocurrido cuando ella tenía ocho años.

Su mamá y su papá se habían divorciado cuando ella era pequeña, y ella vivía con su papá. Después de un par de años su papá volvió a casarse, y llegado el momento su madrastra fue al hospital para dar a luz a una niña. Su padre había ido al hospital para llevar a casa a su madrastra y al bebé. Ellos vivían en un edificio de apartamentos y cuando el elevador llegó a su piso, ella estaba esperando justo en el pasillo. Entonces su papá salió del elevador llevando en sus brazos a una niñita y proclamó con orgullo: "Ann, esta es tu sustituta". Ella tenía solo ocho años de edad y no comprendió que él quiso decir que el nuevo bebé era su sustituta como bebé de la familia. Ella creyó que el bebé era la nueva hija de su papá y que ella ya no ostentaba ese puesto. Desde aquel día en adelante, ella había sentido rechazo, aunque no lo comprendiera. Había una tristeza en su vida sobre la cual ella nunca había podido tener victoria, y no conocía el origen de ella. Debido a que ella no comprendía el perdón o ni siquiera que ella necesitara perdonar a su papá, había estado atada todos aquellos años. Él la había puesto en atadura pronunciando cinco palabras sin ni siquiera darse cuenta de ello.

El día en que oré con ella y la guié a que perdonase a su papá, comenzaron a suceder cosas en su vida. Su vista parecía mejorar, aunque el médico había dicho que solo empeoraría, así que ella regresó a que el médico la evaluara para ver cuál era la situación. Él pareció sorprendido y dijo que parecía que su enfermedad hereditaria iba remitiendo, y que era candidata para una cirugía ocular que debiera corregir sus problemas de visión. Aquello no había sido una opción anteriormente, pero ahora él estaba convencido de que funcionaría. Le realizaron la cirugía y, en efecto, recuperó la visión. Cuando llegó el perdón, llegó también la sanidad.

En el momento en que esta historia comenzó, hace unos tres años, Ann vivía en Panama City, Florida, con un futuro muy sombrío. Ella podía hacer muy pocas cosas debido a su mala vista. Era una mujer muy talentosa y con mucho que dar al pueblo de Dios, pero con una discapacidad que ella no sabía cómo vencer. Debido al perdón, ahora ella conduce su propio auto, trabaja a jornada completa en la revista Charisma en Lake Mary, Florida, con sus talentos brillando a medida que promueve el Reino de Dios.

ARTRITIS

Muchas veces buscamos sanidad y parece que nunca llega a producirse, y entonces no podemos comprender el porqué. Santiago 5:16 arroja algo de luz sobre el problema: "Confesaos vuestras ofensas unos a otros, y orad unos por otros, para que seáis sanados". Cuando confiesas que has ofendido a un hermano es lo mismo que pedir perdón, porque reconoces que le has ofendido. Yo he descubierto que la mayoría de las veces en que personas con problemas de artritis no son sanadas, se debe a que han ofendido a alguien y no lo han confesado, o a que alguien las ha ofendido a ellas.

Un ejemplo me ocurrió hace varios años cuando estaba en la iglesia un miércoles en la noche. Aquella señora bajita y anciana estaba sentada a mi lado a mi izquierda. Cantamos un par de cantos y el pastor sugirió que orásemos por la persona que tuviéramos al lado. Yo me acerqué a esa señora y le pregunté cuál era su necesidad; de inmediato observé que sus manos estaban nudosas y torcidas a causa de la artritis.

—Me gustaría ser feliz, como usted lo es—fue su respuesta inmediata.

—¿Es usted salva y va de camino al cielo?—le pregunté.

—Evidentemente no lo soy—respondió ella—, porque sin ninguna duda usted tiene algo que yo no tengo.

La dirigí en la oración de arrepentimiento para que naciera de nuevo, y luego le pregunté sobre sus manos y la grave artritis que la estaba atacando. Ella me dijo que ya llevaba así algunos años pero que últimamente había empeorado.

—¿Hay alguien a quien usted necesite perdonar? ¿Alguien que le hizo daño y contra quien usted aún tiene resentimiento?—le pregunté amablemente.

Ella pensó por un momento y luego respondió que su madre siempre la rebajaba; se había casado a una edad muy joven para alejarse de ella, y su mamá la había regañado por eso y también por muchas otras cosas. Ella había criado a una hija, pero su vida nunca había sido muy feliz, y sentía resentimiento por no haber sido feliz. Había estado metida en la ciencia cristiana, pero no había podido obtener ayuda allí. Su esposo era enfermizo, y parecía haber más problemas de los que ella era capaz de manejar.

—Usted necesita perdonar a su mamá y dejar que la sangre de Jesús cubra eso—la interrumpí yo—. Estoy segura de que ella no tenía intención de hacerla infeliz. Hubo circunstancias que trajeron la infelicidad a su vida.

Ella asintió con su cabeza, y yo la guié en una sencilla oración de perdón y al final oré para que sus manos fuesen sanadas y se estiraran. En aquel momento el servicio continuaba, y no tuvimos oportunidad de hablar más.

Dos días después sonó el teléfono en la oficina; era la señora, y dijo que se le había quitado la artritis por completo. Antes de que orásemos, ella tenía grandes bultos en las palmas de sus manos que eran muy dolorosos, y los espacios que había entre ellos eran tan profundos que ella tenía que usar un bastoncillo de algodón para limpiarlos. Ella quería que yo supiera que sus manos ahora eran perfectamente normales, y que el médico había disminuido su dosis de insulina.

La hija de aquella mujer llamó y se ofreció a ayudar con los boletines. Yo siempre tenía un tiempo de oración después de que el trabajo se hubiera completado, así que cuando terminamos la invité a la oficina y oré por ella. Ella también recibió una profunda sanidad en su cuerpo, y yo entonces la acompañé a su casa y guié a su papá al Señor. Aquellos eran los últimos días de la vida de él, pero recibió la salvación antes de fallecer. Su mamá vivió una buena vida cristiana por algunos años antes de unirse a su esposo en la muerte. Todo eso sucedió debido a una sencilla oración de perdón. Oh, sí, otra cosa: en la iglesia, el domingo siguiente a su sanidad, su hija recibió a Jesús como su Salvador.

PROBLEMAS DE ESPALDA

Cierto principio se produce a menudo con los problemas de espalda. Un incidente así ocurrió recientemente cuando yo estaba ministrando un domingo en la mañana en una iglesia no muy lejos de nuestra casa. Un caballero maduro, de descendencia africana, pasó al frente con graves problemas de espalda.

—¿Cuánto tiempo le ha estado molestando este problema?— le pregunté.

—Desde la Segunda Guerra Mundial—respondió él—. Por más de cincuenta años he sufrido debido a las heridas que recibí en las Filipinas.

—Es momento de librarse de ellos—le dije—. Primero quiero que usted perdone al enemigo que le disparó, y luego al ejército de los Estados Unidos que le envió a usted allí, al igual que el prejuicio que prevalecía en los servicios militares en aquella época.

Él enseguida estuvo de acuerdo y yo le guié a la vez que él, con su propia voz, perdonaba a cada uno. Entonces hice una oración de sanidad; él fue tocado por el Espíritu y poco después se levantó siendo un hombre nuevo. Aquella noche él regresó al servicio de la iglesia y proclamó que era la primera vez en más de cincuenta años que había estado sin ningún tipo de dolor. ¡Gloria a Dios!

15

EL PERDÓN
TRAE UNIDAD

Jesús nos enseñó que debemos tener unidad por encima de todo.

"Un cuerpo, y un Espíritu, como fuisteis también llamados en una misma esperanza de vuestra vocación; un Señor, una fe, un bautismo, un Dios y Padre de todos, el cual es sobre todos, y por todos, y en todos. Pero a cada uno de nosotros fue dada la gracia conforme a la medida del don de Cristo... Y él mismo constituyó a unos, apóstoles; a otros, profetas; a otros, evangelistas; a otros, pastores y maestros, a fin de perfeccionar a los santos para la obra del ministerio, para la edificación del cuerpo de Cristo, hasta que todos lleguemos a la unidad de la fe y del conocimiento del Hijo de Dios, a un varón perfecto, a la medida de la estatura de la plenitud de Cristo..."

—EFESIOS 4:4–7, 11–13

La Biblia enseña: "Vestíos, pues, como escogidos de Dios, santos y amados, de entrañable misericordia, de benignidad, de humildad, de mansedumbre, de paciencia; soportándoos unos a otros, y perdonándoos unos a otros si alguno tuviere queja contra otro. De la manera que Cristo os perdonó, así también hacedlo vosotros" (Colosenses 3:12-13).

Esto no nos deja elección en el asunto, solamente una decisión. Si queremos seguir a Dios, debemos perdonar.

Jesús dijo: "Mirad por vosotros mismos. Si tu hermano pecare contra ti, repréndele; y si se arrepintiere, perdónale. Y si siete veces al día pecare contra ti, y siete veces al día volviere a ti, diciendo: Me arrepiento; perdónale" (Lucas 17:3-4). ¡Guau! Eso suena a que debemos perdonar. Si queremos ser santos y amados de Dios, entonces debemos perdonar

RESTAURAR UNA RELACIÓN ROTA

Muchas veces cuando nos enfrentamos a la necesidad de perdonar, es una decisión difícil de tomar. Hace algunos años yo era ayudante administrativa de un evangelista y dirigía el ministerio cuando él estaba fuera de la ciudad viajando y haciendo el trabajo del Señor. Un hermano ministro entró y estaba sumamente enojado con el evangelista, quien no estaba allí aquel día; entonces él derramó todo su enojo sobre mí. Demandó que yo le entregase un cheque por cierta cantidad, y lo quería en aquel momento. Finalmente dejó de gritar y se calmó un poco; en ese punto yo intenté, muy educadamente, decirle que yo no estaba autorizada para hacer lo que él me pedía. Esa autoridad tenía que venir de la junta directiva del ministerio.

Él volvió a levantar su voz y yo, siendo una mujer, pensé en llorar, pero en lugar de eso decidí mantenerme en mi lugar y utilizar mi "autoridad de oficina". Cuando comprendí que no había modo de calmarlo, le pedí que por favor saliera de la oficina. Él finalmente lo hizo, pero nuestra relación desde aquel momento fue muy fría, aunque seguíamos teniendo contacto frecuente y muchos amigos en común. La situación se hizo cada vez más difícil, aunque yo le pedí que me perdonara por no haber podido hacer lo que él demandaba (yo sentía que sus demandas fueron totalmente irrazonables). Él era siempre rígido y bastante seco conmigo.

Descubrí un pasaje en Colosenses 1:19-20: "Por cuanto agradó al Padre que en él habitase toda plenitud, y por medio de él reconciliar consigo todas las cosas, así las que están en la tierra como las que están en los cielos, haciendo la paz mediante la sangre de su cruz". Eso me decía que la sangre de Jesús reconciliaría todas las cosas, y yo comencé a orar según este pasaje por ese ministro. (Él se había retirado del ministerio para el que yo trabajaba unos tres meses antes y comenzó un nuevo trabajo por su cuenta en la misma ciudad). Solamente tres semanas después de hacer esta oración diariamente y perdonarlo, él llamó y nos pidió a mi esposo y a mí que ministrásemos en un banquete para enamorados y hablásemos sobre el perdón. Esto, a su vez, causó una completa restauración en nuestra relación. ¡Dios es increíble!

UNIDAD EN EL MATRIMONIO

Jesús enseñó respecto a la oración: "Otra vez os digo, que si dos de vosotros se pusieren de acuerdo en la tierra acerca de cualquiera cosa que pidieren, les será hecho por mi Padre que está en los cielos" (Mateo 18:19). Jesús quiere que caminemos en perdón y unidad en cada área de nuestras vidas. Se nos dice en 1 Pedro 3:7 que los esposos y las esposas estén en unidad "para que vuestras oraciones no tengan estorbo". Cuando se combinan estos dos pasajes, descubrimos que una de las oraciones más fuertes del mundo es que esposo y esposa estén en unidad y pidan al Padre los deseos de sus corazones.

Recuerdo a otra pareja en otro estado a la que ministramos hace unos años. Ella estaba realmente rendida al Señor, y ella y sus tres hijas estaban en la iglesia casi cada vez que se abría la puerta. Su esposo profesaba ser cristiano, pero era difícil creerlo porque nunca quería ir a la iglesia; aquello suponía una manzana de contención entre ellos.

La esposa decidió invitarnos a mi esposo y a mí a su casa para cenar y ver si podíamos arreglar algunos problemas que había entre ellos.

La noche que debíamos ir su hija pequeña, de unos ocho años de edad, llamó y preguntó si podríamos llegar treinta minutos antes para que ella pudiera enseñarle a mi esposo algo en el patio antes de que anocheciera. Nosotros estuvimos de acuerdo y llegamos a la hora acordada. Sherrie, la niña, tomó a mi esposo de la mano y le llevó alrededor de la casa hasta donde ella había plantado unos arbustos. Mi esposo tenía conocimientos sobre arbustos en aquella área, así que ella quería que él lo viera y escuchar sus comentarios. Ellos hablaron un rato sobre ello mientras que su papá, James, observaba. James quedó impresionado, porque él de verdad quería y comprendía a su hija. Él pensó: Si este hombre puede tomarse tiempo y hacer un esfuerzo para hablar con mi pequeña, entonces yo puedo escuchar lo que él y su esposa tengan que decir sobre mi matrimonio.

Lo pasamos muy bien en la cena, con las tres niñas dirigiendo gran parte de la conversación. Después, la mamá llevó a las niñas a sus cuartos y los cuatro nos sentamos en la sala y comenzamos a hablar de sus problemas.

—James no quiere ir a la iglesia la mayoría de las veces, y las niñas y yo sentimos como si él no nos quisiera—afirmó Doris, sin desperdiciar tiempo para sacar los asuntos a la luz. James simplemente la miró y no dijo nada.

Mi esposo esperó unos minutos y luego preguntó:

—¿Qué tipo de trabajo realizas, James?

—Soy albañil—respondió él, pero no siguió con la conversación.

—La albañilería es un trabajo que demanda mucho físicamente—comenté yo, escogiendo mis palabras con sumo cuidado—. ¿A qué hora te levantas en la mañana?

—Normalmente estoy en el trabajo a las 7:00 de la mañana, y para estar allí y listo para trabajar no más tarde de las siete, me levanto y salgo a las 5:30 cada mañana—dijo sin hacer hincapié en ninguna parte de ello.

—¿Y a qué hora regresas en la tarde?—preguntó mi esposo, regresando a la conversación en este punto.

—Normalmente sobre las 5:00 de la tarde. Depende mucho de dónde esté trabajando ese día. Si estamos construyendo en una casa o un barrio al otro lado de la ciudad, tardo más y algunas veces puede que me levante a las 5:00 de la mañana y no regrese a casa hasta las 6:00 de la tarde.

—¿Y tú, Doris?—pregunté yo—. ¿Te levantas a la misma hora que James? ¿Tienes un trabajo público? ¿Cuál es tu horario?

—No me levanto al mismo tiempo que James, pues a él no le importa prepararse él mismo su desayuno. Las niñas y yo normalmente nos levantamos sobre las 6:30 y ellas se preparan para ir a la escuela. Sería mucho mejor si pudieran ver a su papá en la mañana, pero él siempre ha salido ya para el trabajo cuando ellas se levantan—su voz parecía como dormida cuando terminó la última frase. A medida que seguimos hablando descubrimos que ella no trabajaba fuera de casa y que realizaba la mayoría de las reparaciones de la casa y el trabajo del jardín. Yo pude sentir que había resentimiento a causa de eso.

—En otras palabras, no ves a tus hijas excepto cuando regresas a casa al final de la tarde durante la semana, ¿no?—dije yo, volviendo mi atención a James, y él asintió con su cabeza—. ¿Echas de menos no verlas?—pregunté, y de nuevo él asintió.

Pude ver un patrón en sus vidas que estaba creando los problemas. Cuando James regresaba del trabajo los miércoles, cansado y sucio, Doris y las niñas estaban bien vestidas y listas para asistir al servicio de los miércoles en la iglesia. A él le molestaba toda la situación, y que ellas no parecieran tener tiempo para él. Sabía que debería ir a la iglesia, pero las circunstancias de su estilo de vida le habían desanimado tanto que ni siquiera quería asistir a la iglesia los domingos, que era el único día en que tenía tiempo.

A medida que hablamos con los dos, cada uno de ellos comenzó a ver cuál era su problema. Doris no había comprendido que James se veía forzado por el tiempo y las circunstancias los miércoles y, por esa misma razón, cualquier otra noche en que hubiera servicio en la iglesia. Ella había pasado el día en casa, así que podía organizar las cosas y trabajar con las niñas para luego estar listas para asistir al servicio. Cuando destacamos eso, ella lo comprendió.

Al mismo tiempo, James no había comprendido que Doris estaba resentida porque él no realizara algunas de las reparaciones en la casa y del trabajo en el jardín. Él había pensado que ella estaba en casa durante el día y podía organizar su día de modo que le fuera bien a ella y a las niñas. Ambos llegaron a una nueva comprensión del trabajo del otro y de los problemas que su estilo de vida en general había causado a su relación.

Guiamos a cada uno de ellos en una oración de perdón a la vez que ambos se arrepentían por las áreas en las cuales se habían mantenido mutuamente en atadura. Desde aquel día en adelante se produjo un gran cambio en sus vidas. Doris ya no esperaba que James asistiera al servicio de la iglesia en mitad de semana, y eso le liberó a él de atadura y condenación. Como resultado, él volvió a alegrarse de poder asistir a la iglesia cuando su horario se lo permitiese. Debido al resentimiento que fue quitado en las vidas de ambos, comenzaron a orar juntos y Dios bendijo su familia. Sus hijas ahora tenían dos padres, a los que amaban de verdad, y era obvio para todos los que veían a la familia junta. ¡Dios verdaderamente bendecirá tu familia si solamente le das la oportunidad! ¿Pero perduran las soluciones como esta? Dios hace bien todas las cosas, y Él lleva a cabo soluciones que continúan con el paso de los años. Esta familia sigue intacta hasta el presente, y les va muy bien.

CUARTA PARTE

BENDICIONES, LIBERTAD Y FUEGO

16

Libera y bendice mediante el nombre de Jesús

Dios nos ha enseñado en repetidas ocasiones que cualquier cosa que sembremos, eso cosecharemos; por lo tanto, si bendecimos, entonces heredaremos la bendición de Él. No hay nada más grande en esta vida que tener las bendiciones de Dios sobre nosotros cada día de nuestras vidas. Esto se hace evidente cuando leemos 1 Pedro 3:8-9: "Finalmente, sed todos de un mismo sentir, compasivos, amándoos fraternalmente, misericordiosos, amigables; no devolviendo mal por mal, ni maldición por maldición, sino por el contrario, bendiciendo, sabiendo que fuisteis llamados para que heredaseis bendición".

En el Sermón del Monte, Jesús enseñó a las multitudes: "Oísteis que fue dicho: Amarás a tu prójimo, y aborrecerás a tu enemigo. Pero yo os digo: Amad a vuestros enemigos, bendecid a los que os maldicen, haced bien a los que os aborrecen, y orad por los que os ultrajan y os persiguen" (Mateo 5:43-44). Jesús no solamente nos dijo que liberásemos, sino también que bendijésemos. Es de suma importancia liberar a todos de la falta de perdón (lo cual, a su vez, nos libera a nosotros), pero es igualmente importante bendecirlos entonces. Cuando enseño esto, muchas personas dicen: "¿Pero cómo puedo bendecir a alguien que me ha causado tanto daño?". Esa es una pregunta difícil, pero Jesús tiene la respuesta. Ellos le causaron "mucho mal" y hasta le colgaron en la cruz, y sin embargo Él los perdonó y los bendijo. En nuestra carne parece imposible bendecir a alguien que nos ha utilizado con malicia, y sin embargo Jesús dijo que hiciéramos exactamente eso. La respuesta es que debemos hacerlo "en el nombre de Jesús". Para empezar, esa fue la razón por la cual Él murió en la cruz: para llevar nuestros pecados, llevar nuestras iniquidades, llevar nuestras transgresiones, llevar nuestra tristeza, llevar nuestra pobreza, llevar nuestra infelicidad. Él nos mostró el camino, pero nos corresponde a cada uno de nosotros apropiarnos del intercambio que Él realizó en la cruz y recibir sus bendiciones.

BENDECIR A NUESTROS SERES QUERIDOS

Es de suma importancia bendecir a quienes te utilizan con malicia, pero igualmente importante es que bendigas a las personas que quieres. Leemos en el Antiguo Testamento que los patriarcas judíos siempre juntaban a su descendencia antes de morir y oraban la bendición de un padre sobre cada uno de ellos. Hemos descubierto que pocos cristianos en la actualidad han recibido la oración de bendición de un padre; de hecho, muchos hasta han sido separados de sus padres y caminan con falta de perdón. Cuando mi esposo y yo ministramos, ha sido nuestra costumbre que después de haber ministrado sobre el perdón y orado con las personas para que sean liberadas y luego guiarlas en oración, mi esposo haga una oración de bendición de un padre sobre ellos. Hay numerosas maneras de orar una bendición, pero daré un ejemplo de una que él a menudo ora y que está basada en Génesis 49:25 y siguientes. Este es solo el punto de partida, y él utiliza sus propias palabras después.

"Por el Dios de tu padre, el cual te ayudará,
Por el Dios Omnipotente, el cual te bendecirá
Con bendiciones de los cielos de arriba,
Con bendiciones del abismo que está abajo,
Yo proclamo: Bendiciones de prosperidad a medida que eres obediente en tus diezmos...
Bendiciones de salud en tu cuerpo físico...
Bendiciones de paz y felicidad para ti y toda tu familia...
Serás bendecido cuando entres y cuando salgas...
Y todo lo que tu mano toque prosperará.
Yo proclamo esta bendición de padre sobre ti en este día...
En el nombre del Padre, y del Hijo, y del Espíritu Santo.
Amén."

Como puedes ver en esta bendición, las palabras pronunciadas se convierten en bendición en la vida de una persona. Las palabras pueden afectarnos de tres modos diferentes. Primero, en Mateo 12:36 Jesús dijo: "Mas yo os digo que de toda palabra ociosa que hablen los hombres, de ella darán cuenta...". Una palabra ociosa es una palabra que no tiene efecto. Segundo, si hay palabras ociosas, o inefectivas, entonces también, de modo contrario, hay palabras efectivas. Tercero, hay palabras de maldición. Entonces los tres tipos de palabras que pronunciamos son: (1) una palabra inefectiva, (2) una palabra ociosa, (3) una palabra de maldición. El pueblo de Dios pronuncia constantemente palabras de maldición sobre otras personas, sin ninguna intención en absoluto, y causa muchos problemas. Cada vez que hablamos, yo personalmente creo que deberíamos luchar por pronunciar una palabra efectiva, o podríamos decir, una palabra llena de fe.

Hace muchos años, cuando nuestra hija Karen era pequeña, quizá tuviera unos diez años, teníamos un problema anual. Cada verano a ella le picaba una abeja justo antes de irnos de vacaciones, y no podía ponerse zapatos debido a la hinchazón. Cada verano decíamos: "La próxima semana son las vacaciones, y a ella le picará una abeja y no podrá ponerse zapatos". En efecto, eso era exactamente lo que ocurría. Finalmente, nuestra tía en Carolina del Norte dijo: "Ustedes están poniendo una maldición sobre ella con sus bocas". Mi esposo y yo nos miramos el uno al otro con sorpresa, pero supimos que lo que ella decía era cierto. Sabíamos que debiéramos haber sido bendición, pero éramos descuidados en cuanto a hacerlo.

Desde ese punto en adelante, mi esposo y yo cambiamos lo que decíamos. Bendijimos a nuestra hija con nuestras palabras y pronunciamos palabras de aliento sobre ella. Nuestras palabras enviaron ángeles ministradores que la cuidaron, y nunca más volvió a picarle una abeja. Antes de que hablásemos bendición sobre ella, ella ya se había roto un brazo dos o tres veces; después de que cambiamos nuestro modo de hablar, ella no volvió a romperse ningún hueso. Descubrimos que vigilar nuestras palabras no solamente cambió su vida, sino que también cambió las nuestras. Hemos pasado los años luchando por bendecir a nuestra descendencia. Mi esposo sigue orando diariamente por prosperidad para nuestros hijos y sabiduría para manejar la prosperidad.

Leemos en Santiago 3:8-11: "pero ningún hombre puede domar la lengua, que es un mal que no puede ser refrenado, llena de veneno mortal. Con ella bendecimos al Dios y Padre, y con ella maldecimos a los hombres, que están hechos a la semejanza de Dios. De una misma boca proceden bendición y maldición. Hermanos míos, esto no debe ser así. ¿Acaso alguna fuente echa por una misma abertura agua dulce y amarga?". Piensa en este pasaje y comprueba si no cambia también tu vida.

DIAGNOSIS MÉDICAS

Otra área de maldición no intencionada que prevalece mucho en la sociedad actual es una maldición de diagnosis médica. El médico te examina y pronuncia la peor diagnosis posible. ¿Por qué? En muchas ocasiones los médicos han sido demandados por no haber hecho un diagnóstico grave, y cuando la persona después muere la familia se pone furiosa. La definición de diagnosis es: "el reconocimiento o nombre de una enfermedad por medio del estudio de sus síntomas". Los médicos han descubierto que si primero realizan una mala diagnosis y el problema demuestra ser menos grave, sus pacientes nunca se quejan por eso. Por tanto ellos pronuncian la peor situación posible simplemente para protegerse a sí mismos de ser demandados. En realidad, esa es una palabra de maldición.

Siempre que un médico pronuncie una diagnosis negativa, deberíamos romper la palabra de maldición que ha sido pronunciada sobre nosotros y nuestros seres queridos. A su vez deberíamos pronunciar bendiciones sobre la persona. "¿Pero acaso no es eso negar los hechos?", puede que preguntes. En absoluto. Incluso si es un diagnóstico acertado, sigue siendo una maldición que debería ser rota y pronunciarse en su lugar una bendición.

Los hechos cambian diariamente, pero Dios es el mismo ayer, hoy, y por siempre. Nosotros, como pueblo de Dios, debemos aprender a hablar correctamente y a bendecir en lugar de maldecir.

Lo que el médico dijera puede ser un hecho cierto, pero la Palabra de Dios, que dice: "por sus heridas fuiste sanado" es una verdad que desbanca la esfera natural de los hechos. "Es, pues, la fe la certeza de lo que se espera, la convicción de lo que no se ve" (Hebreos 11:1). Tú y el médico te ven a ti mismo como enfermo, pero Dios te ve sano. ¿Qué tiene mayor poder, la enfermedad o Dios?

Cuando yo fui salva y comencé a intentar obedecer los mandamientos de Dios, tuve problemas con este mismo principio. Si yo comenzaba a estar resfriada y a estornudar, también me encontraba con varias personas que me decían: "Veo que estás agarrando un resfriado". Yo lo pasaba muy mal intentando imaginar qué decir para no parecer super espiritual, pero tampoco quería hacer confesiones negativas. Le pedí al Señor que me diera palabras que decir, y Él me dijo que era correcto pronunciar mi confesión positiva. Así que cuando estornudaba y me decían lo normal: "¿Estás agarrando un resfriado?", yo respondía diciendo: "Ya estoy saliendo". Esa era la verdad y, sin embargo, era la verdad positiva y no negativa. Aunque pudiera tener el virus solamente cuestión de minutos, yo ya había comenzado la batalla para ser libre de la enfermedad. Podía pronunciar la verdad, no sonar super espiritual, y seguir siendo positiva. ¡Gloria a Dios!

Si tengo que ir al médico y tomar medicinas, entonces mi oración es que esas medicinas ayuden a sanar mi cuerpo físico y que no produzcan efectos adversos en mí. Si la gente me pregunta: "¿Cómo te va?", yo simplemente respondo: "Estoy tomando las medicinas, orando por ello, y poniéndome mejor cada día". Esa es la verdad, y sin embargo es una verdad positiva.

Amar a nuestros enemigos

La Biblia dice en 1 Juan 3:13: "Hermanos míos, no os extrañéis si el mundo os aborrece". En Mateo 5:44 Jesús dijo: "Haced bien a los que os aborrecen". Si combinamos estos dos pasajes, descubrimos que debemos hacer bien a las personas que no son cristianas y, por medio de ello, por el poder de Dios cuando oramos por ellos, ellos pueden llegar a ser salvos a su tiempo. Vaya un concepto que Dios tiene para que vivamos por él. En primer lugar, debemos "ser libres" y, entonces, al obedecer su Palabra, podemos ayudar a otros a "ser libres".

Continuando en 1 Juan 3:15-16: "Todo aquel que aborrece a su hermano es homicida; y sabéis que ningún homicida tiene vida eterna permanente en él. En esto hemos conocido el amor, en que él puso su vida por nosotros; también nosotros debemos poner nuestras vidas por los hermanos".

Normalmente andamos con caras mustias y nos quejamos si alguna vez tenemos que ser cívicos con quienes nos aborrecen. Jesús dijo que si tenemos la oportunidad de hacer bien a quienes nos aborrecen, seremos bendecidos. "Pero yo os digo: Amad a vuestros enemigos, bendecid a los que os maldicen, haced bien a los que os aborrecen, y orad por los que os ultrajan y os persiguen" (Mateo 5:44). Otra cosa que Jesús dijo en Mateo 5:44 era orar por quienes te persiguen. El modo de pensar del mundo es exactamente el contrario: "Cualquier cosa que te hagan, devuélveselo con intereses". Si queremos ser libres, entonces tenemos que renovar nuestras mentes y pensar como Dios piensa; Él casi siempre piensa exactamente de modo contrario a como piensa el mundo. En esta ocasión Jesús dice que oremos por nuestros perseguidores. ¿Por qué deberíamos orar por alguien que nos persigue? La respuesta es muy sencilla. Si oramos por ellos, entonces ellos pueden ser libres, lo cual a su vez cambiará el mundo, y hará aumentar mucho el Reino de Dios y que se haga su voluntad.

17

CAMINA EN LIBERTAD A MEDIDA QUE CAMBIAS TU MENTE

Cuando recibimos a Jesús y somos salvos, cambiamos el lugar donde pasaremos la eternidad. Para cambiar nuestra vida presente aquí en la tierra, necesitamos cambiar nuestras mentes y pasar del pensamiento mundano al pensamiento piadoso. Para hacer eso necesitamos ser transformados por medio de la renovación de nuestras mentes. Eso es lo que la Palabra nos dice que hagamos.

"No os conforméis a este siglo, sino transformaos por medio de la renovación de vuestro entendimiento, para que comprobéis cuál sea la buena voluntad de Dios, agradable y perfecta."

—ROMANOS 12:2

La palabra transformados está traducida de la palabra griega *metamorphoo*, la cual es igual a la palabra metamorfosis, que significa "cambiar, transfigurar o transformar". De hecho, hay dos ejemplos que enseguida vienen a la mente y que podemos ver con nuestros propios ojos. Uno es el renacuajo, que mediante el proceso de la metamorfosis, se convierte en una rana. El otro es aún más emocionante, porque en este ejemplo una fea oruga hace un capullo, y después de un periodo de tiempo, sale convertida en una hermosa mariposa. ¡Vaya transformación! Eso es lo que Dios quiere que hagamos. Él quiere que hagamos un capullo con la Palabra de Dios, y después de que el tiempo pase, salgamos como cristianos maduros, caminando en victoria y haciendo avanzar el Reino de Dios aquí en la tierra.

CREAR NUEVOS PENSAMIENTOS

Tu mente debe ser renovada por la Palabra de Dios. Si eres capaz de comprender este principio, entonces tu vida será cambiada.

Efesios 4:23 dice: "y renovaos en el espíritu de vuestra mente". La Nueva Versión Internacional lo traduce como: "ser renovados en la actitud de su mente". Para que tu mente cambie, tu actitud debe cambiar. Una actitud positiva causará un resultado positivo, y una actitud negativa causará un resultado negativo. Cree siempre que es posible resolver tus problemas, porque cosas tremendas le ocurren al creyente.

Estos son los pasos a dar para renovar tu mente y tu actitud:

1. **Pensamientos condicionados.** Son pensamientos que pones en tu mente a propósito. Los programas para que entren pensando intencionadamente esos pensamientos. Esos pensamientos condicionados a su vez te conducirán a...

2. **Pensamientos repetidos.** Son los pensamientos que pasan por tu mente una y otra vez. Si tienes pensamientos repetidos, estos te conducirán a...

3. **Hábitos de pensamiento.** Cualquier cosa que se repite una y otra vez pronto se convierte en un hábito. Sin duda podemos adoptar malos hábitos con rapidez; se necesita un poco más de tiempo adquirir buenos hábitos, pero son igualmente hábitos. Los hábitos de pensamiento conducen a...

4. **Actitud.** Tus hábitos influyen directamente en tu actitud. Si piensas negativamente, entonces tu actitud será negativa; y si eres alguien que piensa en positivo, entonces tu actitud será positiva. Tu actitud, a su vez, dictará tus...

5. **Actos.** los cuales son tu comportamiento externo.

Todo este proceso es lo que la Biblia llama "renovar tu mente". Para comenzar el proceso, debes hacer de la Palabra de Dios tu fuente para los pensamientos condicionados. Eso significa que estudias la Biblia para encontrar buenos pensamientos que pensar. Por ejemplo, piensa en Filipenses 4:7: "Y la paz de Dios, que sobrepasa todo entendimiento, guardará vuestros corazones y vuestros pensamientos en Cristo Jesús".

Ese es un buen pensamiento para condicionar tus patrones de pensamiento. Otro excelente pensamiento está en el versículo 13: "Todo lo puedo en Cristo que me fortalece". Si pones ese pensamiento en tu mente y lo repites a menudo, ese único versículo cambiará tu vida. Más adelante en el versículo 19 encontramos una poderosa promesa: "Mi Dios, pues, suplirá todo lo que os falta conforme a sus riquezas en gloria en Cristo Jesús".

¿No es increíble cuántos buenos pensamientos hay en un solo capítulo de la Biblia? ¿Ves la importancia de los pensamientos condicionados?

Norman Vincent Peale en su libro *The Power of Positive Thinking* [El poder de pensar positivamente] dijo: "Formula y estampa de modo indeleble en tu mente una imagen mental de ti mismo teniendo éxito". Hay algo de verdad en esa afirmación si se alinea con Dios y su poder.

APRENDER A CONFESAR

Somos un producto de lo que decimos. Esto es cierto incluso en la esfera de los negocios. Si alguna vez has estado implicado en las ventas de cualquier tipo, comprenderás lo que quiero decir. Se te enseña a ponerte una meta y después a decirles a otros vendedores en tu distrito que vas a vender cierta cantidad de productos durante ese periodo. Al pronunciarlo con tus labios, cierta cantidad de verdad entrará en la situación simplemente mediante el poder de decirlo con tu boca. La razón es que somos creados a la imagen de Dios (Génesis 1:27), ¡y Dios tiene lo que Él dice!

Cuando Él dijo: "Sea la luz", hubo luz. Ya que somos creados a imagen de Dios, tenemos la autoridad de abrir nuestras bocas y poner en movimiento lo que deseamos para el futuro.

Algunas veces la gente me dice: "La confesión sencillamente no funciona para mí. Yo no tengo lo que digo", o: "No puedo decirlo si no lo tengo. Esas cosas de la confesión no funcionan".

Hay solamente una respuesta para eso: ¡JESÚS DIJO QUE FUNCIONARÍA!

"Y pasando por la mañana, vieron que la higuera se había secado desde las raíces. Entonces Pedro, acordándose, le dijo: Maestro, mira, la higuera que maldijiste se ha secado. Respondiendo Jesús, les dijo: Tened fe en Dios. Porque de cierto os digo que cualquiera que dijere a este monte: Quítate y échate en el mar, y no dudare en su corazón, sino creyere que será hecho lo que dice, lo que diga le será hecho. Por tanto, os digo que todo lo que pidiereis orando, creed que lo recibiréis, y os vendrá."

—MARCOS 11:20-24

Si no está funcionando, veamos si podemos descubrir el porqué. Si podemos hacer que funcione, entonces podemos planear nuestro futuro con las palabras de nuestra boca y la fe de nuestro corazón. Sugiero que lo primero que hagas sea hacer una confesión sobre tus sentimientos hacia la Palabra de Dios. Incluso sugeriría que la escribas al principio de tu Biblia. "¡Esta es la Palabra de Dios! ¡Puedo hacer lo que ella dice que puedo hacer! ¡Es Dios hablándome a mí! ¡Lo que ella dice, lo tengo, me pertenece! ¡Soy lo que ella dice que soy!".

¿Es esa tu confesión? Si no es tu confesión, ora y pregúntale a Dios si debiera serlo. Si quieres que la Palabra de Dios realmente funcione en tu vida, o bien esa o bien una confesión similar debe ser tuya.

¡Si solamente pudiéramos comprender que la Palabra de Dios nos habla! Cuando dice en 1 Pedro 2:24: "y por cuya herida fuisteis sanados", es Dios hablándonos directamente. Entonces podemos decir: "Eso me pertenece, y lucharé por ello".

Si el médico te ha diagnosticado diabetes, cáncer, TMJ (dolor en las articulaciones y los músculos de la mandíbula), síndrome del túnel carpiano u otros problemas físicos, tú tienes la autoridad mediante el nombre de Jesús y su sangre de hablar a la raíz del problema y aplicar la Palabra de Dios.

En la esfera natural, un arboricultor aplicaría "Root Kill" (yerbicida para raíces) a un tocón después de que se haya cortado un árbol para destruir el sistema de raíces de la enfermedad diagnosticada. Si no matas la raíz del árbol, entonces comenzará a brotar y a crecer de nuevo. En la esfera espiritual puedes utilizar la Palabra de Dios como la sustancia "Root Kill".

Mateo 15:13 dice: "Toda planta que no plantó mi Padre celestial, será desarraigada". Pregúntate: "¿Plantó Dios esta enfermedad en mí?". Él no puede ser tu sanador y a la vez tu destructor. Él te ha dado el poder y la autoridad sobre todas las palabras del diablo. Es el destructor, Satanás, quien planta en ti la enfermedad. La salud y el bienestar te son entregados por Jesús. Deja que tu boca sea quien mate la enfermedad aplicando la Palabra de Dios como una destructora de raíces.

En la historia de la higuera, el significado literal en griego dice: "Tengan fe en Dios". Cada creyente tiene una medida de fe, y la Biblia dice que Jesús es el autor y consumador de nuestra fe (ver Hebreos 12:2). Yo creo que Él es el autor de cosas que son buenas, y Él las termina por completo. Por lo tanto, Dios no fue el autor de una fe a medias en nosotros; Él nos da una fe semejante a la de Dios.

Jesús describió lo que podría hacer una fe semejante a la de Dios: "Porque de cierto os digo que cualquiera que dijere a este monte: Quítate y échate en el mar, y no dudare en su corazón, sino creyere que será hecho lo que dice, lo que diga le será hecho. Por tanto, os digo que todo lo que pidiereis orando, creed que lo recibiréis, y os vendrá" (Marcos 11:23-24).

Jesús dijo que el hombre que tiene fe "tendrá todo lo que diga". Sin cambiar el significado de ese versículo, podemos decir: "Yo puedo tener cualquier cosa que diga". Eso lo convertirá en algo personal para nosotros.

Ahora bien, pensemos en la condición que Jesús dijo que es necesaria: "[Cualquiera] no dudare en su corazón, sino creyere que será hecho lo que dice, lo que diga le será hecho". Lo que Jesús dice en realidad es que tú puedes tener cualquier cosa que tu boca declare si cumple con las condiciones.

Si estudias el ministerio de Cristo, nunca encontrarás un lugar donde Él utilice palabras como quizá, si, pero, o cualquier otra palabra negativa de incredulidad. Cuando las gentes acudían a Él y le decían: "Puedes sanarme si quieres", Él siempre les respondió: "Quiero".

Él siempre abordaba las cosas de manera positiva. Cuando oraba, decía: "Padre, yo sé que me oyes, y oro para que ellos puedan creer". He examinado cuántos grandes hombres y mujeres de fe oraron por sanidad de quienes esperaban en las filas para recibir oración. Las palabras de sus oraciones eran a menudo para beneficio de las personas que estaban en las filas, pues la fe de ellos ya llegaba a Dios. Lo único que es necesario decir es: "Sé sano", y la Palabra hace su efecto.

Tenemos todo derecho, como creyentes, a acercarnos a un cuerpo enfermo y decir: "Te mando que te corrijas. Ponte en línea con la Palabra de Dios, en el nombre de Jesús". Podemos tener lo que digamos si no dudamos en nuestro corazón.

SER LIBRES DE LA DUDA

¿Qué es nuestro corazón? El corazón es el centro de nuestro ser. El corazón de una manzana es el centro mismo de ella. Cuando llegamos al corazón de un problema, llegamos a la raíz del problema. Si el corazón es el centro de nuestro ser, entonces nuestro corazón debe de ser nuestro espíritu.

Duda es cualquier cosa contraria a la Palabra de Dios. En Números 13 leemos sobre los doce espías del pueblo de Israel que fueron a espiar la tierra prometida. Dos de ellos dijeron: "Somos por completo capaces de tomar la tierra". Ellos vieron gigantes en la tierra, pero su informe fue de fe. La Biblia dice que los otros diez dieron un informe "malo", pues dijeron: "No seremos capaces". Evidentemente, cualquier cosa contraria a Dios es un mal informe.

Dios ya les había dicho que la tierra les pertenecía; lo único que tenían que hacer era ir y poseerla. En lugar de confesar el plan de Dios, los diez se quejaron: "Nosotros somos como langostas ante ellos". La Biblia dice que ese fue un informe malo, porque era un informe de duda e incredulidad, contrario a lo que Dios les había dicho.

La gente en la actualidad va diciendo: "Simplemente no puedo hacer eso; no puedo recibir eso". Lo que necesitamos hacer es agrupar lo que creemos en nuestros corazones y decirlo con nuestras bocas, y entonces ocurrirá. Podemos tener cualquier cosa que digamos si lo creemos en nuestros corazones.

¿Cómo creemos en nuestro corazón? En primer lugar, debemos comprender lo que es la Palabra de Dios. Debemos comprender que ella es la autoridad final para toda situación. Vemos lo que la Palabra de Dios dice acerca de cada situación, y entonces ponemos nuestras palabras en consonancia con la Palabra de Dios.

SALVAGUARDAS DE LA CONFESIÓN

Las confesiones vacías de la boca no tienen ningún valor. Ha entrado mucha confusión al Cuerpo de Cristo debido a eso. La gente ha dicho: "Yo confieso un auto nuevo; yo confieso una casa nueva; yo confieso esto y aquello". No es así de sencillo; antes de nada, nuestra confesión debe estar de acuerdo con la Palabra.

Dios sabía lo que hacía cuando escribió la Biblia. No fue escrita por alguien que no sabía cómo operan las leyes del Espíritu. Él puso salvaguardas en ella. Hay ciertas cosas para las cuales no podemos creer; por ejemplo, no podemos creer cosas que sean contrarias a nuestra salud o a la salud de otra persona, o que sean contrarias a la Palabra de Dios. Eso no puede hacerse. No podemos creer y operar en fe con respecto a esas cosas, pero podemos operar en fe para las cosas buenas de la vida. La Palabra de Dios dice que todo don perfecto viene de Dios (ver Santiago 1:17). Puedes creer cualquier cosa buena que desees; si puedes creer con respecto a ello en tu corazón y decirlo con tu boca, puedes tenerlo.

Romanos 10:9-10 dice: "Si confesares con tu boca que Jesús es el Señor, y creyeres en tu corazón que Dios le levantó de los muertos, serás salvo. Porque con el corazón se cree para justicia, pero con la boca se confiesa para salvación". Creer y confesar nos corresponde a nosotros, y la gracia es la parte que Dios hace. "Por gracia sois salvos" (Efesios 2:5). Se ha definido la gracia como: "la consideración positiva e incondicional de Dios", pero esas palabras son solamente la definición de un hombre. La gracia de Dios está más allá de toda definición, en cuanto a lo que respecta al hombre.

La Biblia nos dice que necesitamos que las palabras de nuestra boca sean salvas. Confiesa a Jesús como Señor y serás salvo. Si le preguntas a un no creyente si cree que Jesús murió y que Dios le resucitó de la muerte, algunas veces podría responderte: "Claro, yo creo eso". Esa persona aún no es salva; puede creer todo lo que quiera, pero sin embargo no ha nacido de nuevo. Después debes explicarle al no creyente: "Si crees eso, entonces quiero que confieses a Jesús como tu Señor". Si la persona dice que Jesús es su Señor, en ese momento se produce un gran milagro: esa persona nace de nuevo en ese mismo instante, y se convierte en una nueva creación en Cristo. ¿Por qué? No porque crea, aunque eso es una parte necesaria; lo que la transforma es cuando dice con su boca: "¡Jesús es mi Señor!". ¡Dios valora mucho las palabras de nuestras bocas!

Hablar correctamente

Con todo esto en mente, piensa en lo importante que es que hablemos correctamente. Los creyentes en el pasado han dicho: "¡Eso me hace morirme de la risa!", o: "Me reí tanto que creí que me iba a morir de risa". En contraste, la Biblia dice: "El corazón alegre constituye buen remedio" (Proverbios 17:22). Para hablar correctamente según la Escritura, deberíamos decir: "Me reí tanto que creí que iba a vivir para siempre". Ahora te pregunto: ¿acaso no es esa una manera mejor de decirlo?

Si muriésemos la primera vez que decimos: "Eso me hace morirme de la risa", o: "Eso me hizo morirme de miedo", el mundo sería realmente un desastre. Algunas veces nos molestamos con alguien y decimos: "Oh, él me pone enfermo". La Palabra de Dios dice que las palabras de nuestra boca son salud para nuestra carne (ver Proverbios 4:20-22). Eso indica que las palabras positivas realmente dan salud al cuerpo, así que las palabras negativas harán lo contrario. ¡No te pongas enfermo por tus propias palabras!

Necesitamos estar en consonancia con la Palabra de Dios. Cuando el Señor le dijo a Josué cómo ser próspero en todo lo que hiciera, le dijo: "Nunca se apartará de tu boca este libro de la ley" (Josué 1:8). ¿Cómo haces que no se aparte de tu boca? ¡Hablando una y otra vez de sus palabras! Eso no significa que tengas que pronunciar cada punto y cada coma; significa hablar en positivo, hablar en fe, hablar en poder, hablar en éxito. No hables duda e incredulidad, pues eso te derrotará. Si hablas duda e incredulidad y eso te derrota, ¿qué ocurrirá si hablas de acuerdo a la Palabra de Dios? Te exaltará, ¡eso es! Te exaltará en cada parte de tu cuerpo.

Jesús les dijo a los fariseos: "¡Generación de víboras! ¿Cómo podéis hablar lo bueno, siendo malos? Porque de la abundancia del corazón habla la boca. El hombre bueno, del buen tesoro del corazón saca buenas cosas; y el hombre malo, del mal tesoro saca malas cosas. Mas yo os digo que de toda palabra ociosa que hablen los hombres, de ella darán cuenta en el día del juicio. Porque por tus palabras serás justificado, y por tus palabras serás condenado" (Mateo 12:34-37). Si somos nacidos de nuevo, debiéramos tener tal abundancia de la Palabra de Dios en nuestros corazones que se derramara cuando hablásemos.

La Palabra de Dios dice que eres justificado por las palabras mismas de tu boca; dice que los hombres darán cuenta de toda palabra ociosa que digan. ¿Sabes lo que significa "palabra ociosa"? Yo creo que significa una palabra ineficaz. ¿A cuántas personas conoces que hablan mucho y realmente nunca dicen nada? Si no tenemos algo que decir, ¿por qué entonces no nos quedamos callados?

La Biblia dice que seremos responsables de toda palabra ineficaz que pronunciemos. Si se nos va a hacer responsables de algo que es ineficaz, entonces no deberíamos decirlo. Todo esto se resume en que siempre deberíamos decir solamente palabras positivas, y nunca palabras negativas. Si puedes tomar esta decisión, aquí y ahora, literalmente cambiará tu vida.

18

Jesús bautiza con el Espíritu Santo y fuego

Muchas veces me han preguntado: "¿Por qué necesito el bautismo en el Espíritu Santo?". Consideremos las cosas de forma lógica y veamos si el bautismo del Espíritu Santo es realmente para ti. También: ¿por qué algunas personas no reciben el bautismo? Descubramos, estudiando la Biblia, qué deberíamos hacer para recibir el bautismo.

Después de que Jesús fuese crucificado y resucitado de la muerte, se unió a dos discípulos que iban caminando hacia Emaús (Lucas 24). Los dos discípulos iban hablando sobre Jesús de Nazaret, que era un profeta poderoso en hechos y en palabras. Luego dijeron que algunos de su grupo habían ido al sepulcro temprano y lo habían encontrado vacío, y solamente vieron una visión de ángeles que dijeron que Jesús estaba vivo.

Entonces Jesús les dijo: "¡Oh insensatos, y tardos de corazón para creer todo lo que los profetas han dicho! ¿No era necesario

que el Cristo padeciera estas cosas, y que entrara en su gloria?"
(Lucas 24:25-26).

¿Qué dijeron los profetas? Ellos profetizaron muchos detalles
sobre el nacimiento, la vida, la muerte y la resurrección de Jesús.
Isaías 11:1-2 describió a Jesús: "Saldrá una vara del tronco de Isaí,
y un vástago retoñará de sus raíces. Y reposará sobre él el Espíritu
de Jehová; espíritu de sabiduría y de inteligencia, espíritu de con-
sejo y de poder, espíritu de conocimiento y de temor de Jehová".
Isaías 53 dio muchos detalles sobre su muerte. Los discípulos
conocían todo lo que los profetas habían dicho, y habían visto los
milagros de Jesús, pero sin embargo seguían siendo tardos para
creer. No causa sorpresa que seamos tardos en la actualidad. Nada
ha cambiado. Por eso necesitamos la ayuda del Espíritu Santo.

En Joel 2:28-29 leemos: "Después de esto derramaré mi
Espíritu sobre toda carne, y profetizarán vuestros hijos y vuestras
hijas; vuestros ancianos soñarán sueños, y vuestros jóvenes verán
visiones. Y también sobre los siervos y sobre las siervas derramaré
mi Espíritu en aquellos días". Esta es una promesa para ti y para mí.

¿Has intentado alguna vez leer la Biblia y realmente tuvo muy
poco sentido para ti? Si te ha ocurrido, entonces sin duda necesitas que venga sobre ti el poder y la valentía del Espíritu Santo para
que te abra las Escrituras.

Ni tu, ni el seminario, ni los teólogos, ni las personas que ense-
ñan en las grandes escuelas van a enseñarte la Biblia; quien va a
hacerlo es el Espíritu Santo. Sigamos leyendo cómo Jesús les abrió las
Escrituras a los dos discípulos que iban de camino a Emaús: "Y aconteció que estando sentado con ellos a la mesa, tomó el pan y lo bendijo, lo partió, y les dio. Entonces les fueron abiertos los ojos, y le
reconocieron; mas él se desapareció de su vista. Y se decían el uno al
otro: ¿No ardía nuestro corazón en nosotros, mientras nos hablaba en
el camino, y cuando nos abría las Escrituras?" (Lucas 24:30-31).

Cuando recibes el Espíritu Santo, Él es único que te enseñará
la Biblia; es Dios Espíritu Santo quien te la va a revelar. ¿Por qué,

entonces, necesitas el bautismo del Espíritu Santo? Aquí tenemos una razón más que suficiente. Si quieres seguir la Palabra de Dios, tienes que comprenderla. ¡El Espíritu Santo es quien hará eso!

Cuando mi esposo y yo fuimos bautizados por primera vez en el Espíritu Santo, tuvimos un hambre intensa de leer la Biblia como nunca antes habíamos tenido; literalmente devoramos la Palabra durante meses. Hasta el día de hoy cada uno de nosotros, a solas, leemos toda la Biblia cada año, y cada año encontramos nuevas revelaciones a medida que Dios nos abre las Escrituras.

¿Por qué necesito el bautismo en el Espíritu Santo? Jesús dijo en Juan 14:15-17: "Si me amáis, guardad mis mandamientos. Y yo rogaré al Padre, y os dará otro Consolador, para que esté con vosotros para siempre: el Espíritu de verdad, al cual el mundo no puede recibir, porque no le ve, ni le conoce; pero vosotros le conocéis, porque mora con vosotros, y estará en vosotros".

Jesús dijo que el Espíritu Santo estará "en vosotros". Luego continuó: "No os dejaré huérfanos; vendré a vosotros" (v. 18). Sabemos que Jesús resucitó de la muerte y ascendió a la diestra del Padre; pero Él dijo: "Vendré a vosotros". Yo creo que Él quiso decir que vendría por medio del Espíritu Santo. Jesús realmente lo dejó claro cuando dijo: "Mas el Consolador, el Espíritu Santo, a quien el Padre enviará en mi nombre, él os enseñará todas las cosas, y os recordará todo lo que yo os he dicho" (Juan 14:26). Así es como el Espíritu Santo vendrá a tu interior y te enseñará la Biblia, que son las palabras de Jesús.

PRODUCIR FRUTO

¿Por qué otra razón necesitas al Espíritu Santo? Necesitas producir fruto. El fruto proviene del poder y la valentía del Espíritu Santo. Jesús dijo en Juan 15:1-2: "Yo soy la vid verdadera, y mi Padre es el labrador. Todo pámpano que en mí no lleva fruto, lo quitará; y todo aquel que lleva fruto, lo limpiará, para que lleve más fruto".

Deténte y piensa en eso. Recibiste al Señor en tu corazón y quizá hasta hayas recibido el bautismo del Espíritu Santo. ¿Es el fruto evidente en tu vida? ¿Testificas a la gente? ¿Tienes la valentía que necesitas? ¿Te dio Él la unción para que puedas ir y dar fruto? ¡Para eso estás aquí!

Él tiene trabajo para que cada uno de nosotros lo hagamos. Dios quiere a alguien con un corazón rendido; necesita que alguien diga: "¡Sí, Señor! Ya he firmado el cheque, ¡ahora rellénalo tú!".

Podemos decir: "¡Sí, Señor!", pero dar el paso y hacer el trabajo es otro asunto. Él nos creó a cada uno de nosotros con nuestra propia voluntad; si tenemos una voluntad propia, entonces necesitamos decidir exactamente lo que haremos. Él siempre quiere que lo escojamos a Él, pero no quiere imponerse en nosotros.

Jesús continuó enseñando: "Ya vosotros estáis limpios por la palabra que os he hablado. Permaneced en mí, y yo en vosotros. Como el pámpano no puede llevar fruto por sí mismo, si no permanece en la vid, así tampoco vosotros, si no permanecéis en mí. Yo soy la vid, vosotros los pámpanos; el que permanece en mí, y yo en él, éste lleva mucho fruto; porque separados de mí nada podéis hacer" (Juan 15:3-5). Recuerda eso, ¡porque sin Él nada podemos hacer! Jesús siguió enseñando, y en Juan 15:26 otra vez lo dejó muy claro: "Pero cuando venga el Consolador, a quien yo os enviaré del Padre, el Espíritu de verdad, el cual procede del Padre, él dará testimonio acerca de mí".

Jesús dijo que va a enviar al Consolador. Si queremos seguirlo a Él en sus mandamientos, debemos recibir ese Consolador.

PODER PARA LA OBRA

A medida que Jesús continuó enseñando sobre el Espíritu Santo, leemos en Juan 16:8: "Y cuando él venga, convencerá al mundo de pecado, de justicia y de juicio". El Espíritu Santo es quien nos convence de pecado; Él es a quien necesitamos tener en nuestras vidas para convencernos de pecado y darnos la fuerza que necesitamos para evitarlo. Como puedes ver, el Consolador es quien hace la obra; no tú o yo sino el Espíritu Santo.

Después de que Jesús resucitase, de nuevo habló de la promesa del Espíritu Santo: "Y estando juntos, les mandó que no se fueran de Jerusalén, sino que esperasen la promesa del Padre, la cual, les dijo, oísteis de mí" (Hechos 1:4). Jesús no estaba simplemente sugiriendo que ellos tuvieran al Espíritu Santo: les ordenó que lo esperaran.

Jesús les dijo que el Espíritu Santo llegaría pronto: "...Porque Juan ciertamente bautizó con agua, mas vosotros seréis bautizados con el Espíritu Santo dentro de no muchos días" (Hechos 1:5). Luego Jesús explicó el propósito del bautismo del Espíritu Santo: "Pero recibiréis poder, cuando haya venido sobre vosotros el Espíritu Santo, y me seréis testigos en Jerusalén, en toda Judea, en Samaria, y hasta lo último de la tierra" (Hechos 1:8). Necesitamos el poder para llevar a cabo las tareas que Él tiene para nosotros.

Leemos sobre el día de Pentecostés en el capítulo siguiente, en Hechos 2:14. La palabra Pentecostés significa "el quincuagésimo día", y fue entonces cuando la promesa del Padre, como Jesús la denominó, llegó. Esa es precisamente la razón por la cual se le llama la experiencia pentecostal, o dicho de otro modo, la experiencia del quincuagésimo día. Fue entonces cuando descendió el Consolador, y es fácil ver que Él realmente ayudó a Pedro. Pedro, en su propio poder, había negado a Jesús cuando la presión arreciaba, pero mira lo que hizo cuando estaba presionado después de recibir el Espíritu Santo: "Entonces Pedro, poniéndose en pie con los once, alzó la voz y les habló diciendo: Varones judíos, y todos los que habitáis en Jerusalén, esto os sea notorio, y oíd mis palabras" (Hechos 2:14). Él ya no era tímido ni retraído, sino que se levantó con fuerza y autoridad sin tomar en consideración cuáles podrían ser las consecuencias.

Pedro continuó predicando: "Porque éstos no están ebrios, como vosotros suponéis, puesto que es la hora tercera del día [las 9:00 de la mañana]. Mas esto es lo dicho por el profeta Joel...". ¿Qué te parece eso? Recuerda que cuando Jesús habló con los dos discípulos en el camino de Emaús, les dijo: "¡Oh insensatos, y tardos de corazón para creer todo lo que los profetas han dicho!" (Lucas 24:25). Ahora parece que Pedro ya no es "tardo para creer todo lo que los profetas han dicho".

Pedro entonces citó Joel 2:28-29: "Y después de esto derramaré mi Espíritu sobre toda carne, y profetizarán vuestros hijos y vuestras hijas; vuestros ancianos soñarán sueños, y vuestros jóvenes verán visiones. Y también sobre los siervos y sobre las siervas derramaré mi Espíritu en aquellos días".

Los profetas del Antiguo Testamento hablaron de lo que estaba por llegar, y Jesús vino y cumplió todas esas cosas. Entonces Jesús profetizó de la venida del Consolador, y Él vino, cumpliendo más profecías, tal como Dios mismo lo había planeado. Él es quien hace los planes, y nos corresponde a cada uno de nosotros seguir su plan.

LA PROMESA ES PARA HOY

Algunas personas han dicho que el día de Pentecostés fue solamente un evento que pasó cuando todos los apóstoles murieron y que esa experiencia no es para los tiempos actuales. Pero Hechos 2:39 dice: "Porque para vosotros es la promesa, y para vuestros hijos, y para todos los que están lejos; para cuantos el Señor nuestro Dios llamare".

Según el versículo, la promesa era para todos los que escuchaban, y también para sus hijos, y para todos los que están lejos, y eso significa para cada uno de nosotros que pertenecemos a generaciones futuras, ya que Dios sigue llamándonos hacia sí mismo. No murió con los apóstoles del Antiguo Testamento; sigue estando viva hoy, pues tú y yo somos el pueblo de Dios, ya que Él así lo ordenó. ¿Eres salvo? Si eres salvo, ¡entonces has sido llamado! Si eres llamado por Dios, ¡entonces esta promesa es para ti!

He descubierto que hay cuatro razones básicas por las cuales los cristianos no han recibido el bautismo en el Espíritu Santo.

1. Carencia de salvación, o al menos el corazón no es recto ante el Señor. Cuando los líderes de las iglesias oyeron que los de Samaria habían recibido la Palabra de Dios, enviaron a Pedro y a Juan para que orasen por ellos y recibiesen el bautismo en el Espíritu Santo. Entonces un hombre llamado Simón intentó comprar el poder que él veía que la gente recibía.

Pedro le reprendió: "No tienes tú parte ni suerte en este asunto, porque tu corazón no es recto delante de Dios" (Hechos 8:21).

Si tu corazón no es recto delante de Dios, debes arrepentirte, recibir perdón de Dios y tener un vaso limpio. Una vez que tu corazón sea recto ante Dios, el paso siguiente es recibir el bautismo en el Espíritu Santo.

2. Carencia de conocimiento sobre el bautismo del Espíritu Santo. Leemos en Hechos que Pablo llegó a Éfeso y le preguntó a la gente allí: "¿Recibisteis el Espíritu Santo cuando creísteis? Y ellos le dijeron: Ni siquiera hemos oído si hay Espíritu Santo" (Hechos 19:2). Muchos cristianos en la actualidad tampoco saben del bautismo en el Espíritu Santo.

Pablo preguntó: "¿En qué, pues, fuisteis bautizados? Ellos dijeron: En el bautismo de Juan. Dijo Pablo: Juan bautizó con bautismo de arrepentimiento, diciendo al pueblo que creyesen en aquel que vendría después de él, esto es, en Jesús el Cristo. Cuando oyeron esto, fueron bautizados en el nombre del Señor Jesús. Y habiéndoles impuesto Pablo las manos, vino sobre ellos el Espíritu Santo; y hablaban en lenguas, y profetizaban" (Hechos 19:3-7).

3. Ser tibio. Apocalipsis 3:16 dice: "Pero por cuanto eres tibio, y no frío ni caliente, te vomitaré de mi boca". ¿Encajas tú en esta categoría? Mi respuesta a la tibieza se encuentra en Efesios 5:17-18: "Por tanto, no seáis insensatos, sino entendidos de cuál sea la voluntad del Señor. No os embriaguéis con vino, en lo cual hay disolución; antes bien sed llenos del Espíritu". ¡Esto nos dice que es la voluntad del Padre que seamos llenos del Espíritu Santo!

4. Necesitamos ejercitar más fe. Leamos Gálatas 3:13-14: "Cristo nos redimió de la maldición de la ley... a fin de que por la fe recibiésemos la promesa del Espíritu". Es necesario ejercitar fe para recibir el bautismo en el Espíritu Santo.

La Biblia también nos dice que somos salvos por fe: "Porque por gracia sois salvos por medio de la fe; y esto no de vosotros, pues es don de Dios" (Efesios 2:8). La fe que tienes es el don de Dios.

EL FUEGO DEL ESPÍRITU SANTO

Juan el Bautista dijo que Jesús bautizaría con el Espíritu Santo y fuego (ver Lucas 3:16). Pablo dijo que la voluntad del Señor es que seamos llenos del Espíritu (ver Efesios 5:18).

Si Jesús nos bautiza con el Espíritu Santo y fuego (y Él lo hace según Lucas 3:16), entonces creo que nos corresponde a nosotros mantener el fuego vivo. Se nos dice en 2 Timoteo 1:6: "Por eso te recomiendo que avives la llama del don de Dios que recibiste cuando te impuse las manos" (NVI). Pablo dice que debemos "avivar la llama", de forma similar al modo en que los antiguos herreros utilizaban sus fuelles para aumentar el calor en sus fraguas. Incluso en la actualidad, algunos de nosotros tenemos fuelles al lado de nuestra chimenea y cuando el fuego comienza a disminuir, agarramos el fuelle y lo movemos dirigiéndolo hacia las ascuas de la chimenea, y de inmediato el fuego comienza a arder de nuevo.

Se nos dice en 1 Tesalonicenses 5:19: "No apaguéis al Espíritu". La palabra apagar en el griego original es sbennumi, que significa "extinguir o eliminar". Teniendo eso en mente, yo diría que la mejor traducción de este versículo sería: "¡No extingan el fuego del Espíritu!". Me gusta esa frase porque suena más similar a lo que Dios tenía en mente para nosotros. Jesús es el Bautizador, porque Él nos bautiza en el Espíritu Santo y fuego, y entonces nos corresponde a nosotros avivar esa llama y mantenerla ardiendo, y nunca extinguir ese fuego.

En Hebreos 12:29 la Biblia dice: "Porque nuestro Dios es fuego consumidor", y eso es lo que Él quiere ser en nuestras vidas. Si esto se convierte en realidad, entonces sin duda alguna cambiará tu vida.

APÉNDICE 1

NUESTRO TESTIMONIO

por GEORGE W. CLOUSE

Mary Jo y yo nos casamos en el año 1969, sin que ninguno de los dos fuese salvo, y ambos habíamos estado casados anteriormente. Habíamos vivido vidas muy mundanas, y éramos lo bastante inteligentes para no quedar atrapados en ningún "círculo religioso", como nosotros los llamábamos. En menos de dos años Dios se había movido poderosamente en nuestras vidas, y ambos recibimos a Jesús como nuestro Salvador personal. Desde entonces nunca hemos vuelto a ser los mismos.

Dios hizo muchas cosas en nuestras vidas durante el primer año después de nuestra salvación. Cada uno de nosotros ministrábamos en cualquier lugar y en cualquier momento en que las oportunidades se presentasen. Teníamos hambre de Dios y queríamos verlo moverse de modo milagroso. Nuestra hambre nos llevó a la Palabra, y cada uno de nosotros literalmente devoramos la Biblia, muchas veces leyendo la mayor parte del tiempo en la noche. Nos sentábamos a la mesa, y cada uno compartía con el otro lo que Dios le había mostrado en su Palabra. Gradualmente comenzamos a ver que Dios nos había cambiado de forma poderosa cuando recibimos la salvación, pero que el cambio y la limpieza posteriores dependían de nosotros. La Biblia nos dice que la salvación es un regalo gratuito de la gracia de Dios, pero Él no dijo que nos cambiaría para hacernos ser lo que debiéramos.

Cuando leímos en Malaquías 3:6: "Porque yo Jehová no cambio", comprendimos que Él no iba a cambiar. Entonces leímos en el Nuevo Testamento y encontramos Hebreos 13:8: "Jesucristo es el mismo ayer, y hoy, y por los siglos". Nos hacíamos preguntas el uno al otro: Cuando fuimos salvos, ¿era solo hasta ahí donde se llegaba? ¿Había más? ¿Nos maduraría Dios o tendríamos que madurar nosotros mismos? Cuanto más leíamos la Biblia, más nos convencíamos de que no podíamos dormirnos en los laureles y esperar a que Dios hiciera algo con nosotros; teníamos que renovar nuestras mentes y cambiar nuestros pensamientos para que estuvieran en consonancia con los de Él. Los dos estábamos bastante seguros de que Él era quien nos había salvado, pero después de la salvación necesitábamos renovar nuestras mentes para pensar como Él y así poder cambiar a su imagen.

En Romanos 8:9 leemos: "Mas vosotros no vivís según la carne, sino según el Espíritu, si es que el Espíritu de Dios mora en vosotros. Y si alguno no tiene el Espíritu de Cristo, no es de él". Este era un pasaje muy intrigante; en este solo versículo Dios hablaba del Espíritu de Dios al igual que del Espíritu de Cristo. ¿Qué quería Él decir? ¿Había una diferencia entre los dos?

El siguiente pasaje que vimos fue 1 Corintios 2:12: "Nosotros no hemos recibido el espíritu del mundo, sino el Espíritu que proviene de Dios, para que sepamos lo que Dios nos ha concedido". A mí me parecía como si Dios nos estuviera diciendo que hay tres tipos diferentes de espíritus que debiéramos conocer. Al buscar y orar por una respuesta, sentí que el Señor me dijo que el Espíritu de Dios era el espíritu de santidad, que cada uno de nosotros debemos vivir una vida santa, apartada para la gloria de Él. Nosotros hemos luchado por vivir vidas santas desde aquel día hasta ahora.

Al continuar en mi estudio, llegué a la conclusión de que el Espíritu de Cristo era el espíritu de la unción, ya que Cristo significa: "el Ungido". Decidí que eso quería decir que debíamos buscar su unción con toda diligencia, y ese ha sido el objetivo que nos hemos marcado día tras día.

Si el Espíritu de Dios o el Espíritu de Cristo faltan en nuestro ministerio, entonces hay una apertura para que el diablo pueda entrar y causar estragos.

El espíritu del mundo es obvio. Cada día en nuestro camino nos enfrentamos al espíritu del mundo. Cuando oímos las noticias parece que todo es malo; parece que el mundo entero es negativo, y si no tenemos cuidado, nosotros también caeremos en la trampa de pensar negativamente. En Romanos 12:2 leemos: "No os conforméis a este siglo, sino transformaos por medio de la renovación de vuestro entendimiento...". La palabra transformaos en griego es metamorphoo, que se refiere a la metamorfosis que transforma a una fea oruga en una hermosa mariposa. Ese es el cambio que yo quiero para mi vida; quiero ser transformado del espíritu del mundo al Espíritu de Dios y el Espíritu de Cristo.

Mary Jo, mediante el estudio constante de la Palabra, ha cambiado su vida debido a las cosas que ha permitido que Dios haga en su vida. A medida que ha buscado la santidad moviéndose en las verdades de la Palabra, ha desarrollado el Espíritu de Dios que continuamente fluye en su vida. Por medio de responder obedientemente el llamado de Dios para su vida, ella ha rendido su vida para moverse en el Espíritu de Cristo, o dicho de otro modo, "en la unción".

Recientemente ella descubrió otro pasaje bíblico que cambió su vida: 2 Crónicas 7:14. "Si se humillare mi pueblo, sobre el cual mi nombre es invocado, y oraren, y buscaren mi rostro...". La idea: "buscaren mi rostro" literalmente saltó de la página de la Biblia para ella. Luego ella leyó sobre Moisés cuando él buscó el rostro de Dios para que la gloria cayese sobre él en Éxodo 33:20-23:

> "Dijo más: No podrás ver mi rostro; porque no me verá hombre, y vivirá. Y dijo aún Jehová: He aquí un lugar junto a mí, y tú estarás sobre la peña; y cuando pase mi gloria, yo te pondré en una hendidura de la peña, y te cubriré con mi mano hasta que haya pasado. Después apartaré mi mano, y verás mis espaldas; mas no se verá mi rostro".

Mary Jo comprendió que eso significaba que cuando Moisés buscó el rostro de Dios, Dios le reveló su gloria a él. Éxodo 34:28-29 también declara:

> "Y él estuvo allí con Jehová cuarenta días y cuarenta noches; no comió pan, ni bebió agua; y escribió en tablas las palabras del pacto, los diez mandamientos. Y aconteció que descendiendo Moisés del monte Sinaí con las dos tablas del testimonio en su mano, al descender del monte, no sabía Moisés que la piel de su rostro resplandecía, después que hubo hablado con Dios".

Ahora Mary Jo ya no busca la mano de Dios; en cambio, busca su rostro. Ella está decidida a buscar su rostro para que su gloria sea también revelada en ella.

Durante el año pasado, Mary Jo hizo una promesa a Dios: ella respondería a su llamado e iría donde Él le dijera que fuese. A medida que ha compartido su ministerio en muchas partes del mundo, Mary Jo irradiaba revelación y perspectiva del Señor. Son las verdades que ella comparte en su primer libro: *Sé libre.*

APÉNDICE 2

FRUTOS ABUNDANTES

por DONNA CENTO,
mi amiga y miembro de la junta directiva de CRM, intercesora,
que viaja conmigo siempre que puede.

"Frutos abundantes" es la frase que viene a mi mente para descri-bir a Mary Jo durante los más de veinte años que la conozco.

Aunque conocía a Mary Jo y a George anteriormente, mi primer encuentro con la sabiduría de ella en el Señor fue cuando le pedí con-sejo acerca de algunas necesidades que había en mi vida. Sin saber nada de mi pasado, ella espiritualmente me vio en un cuarto, sentada en una silla con un hombre que estaba de pie cerca de mí. Ese cuar-to era oscuro, y había puertas cerradas alrededor. En la visión yo supe que solamente una de las puertas sería la elección correcta, pero cuan-do me volví hacia el hombre él había desaparecido. Ella entonces me dijo que en mi pasado yo sentía que los hombres me habían abando-nado y por eso era difícil para mí confiar en Dios, debido a mis expe-riencias del pasado con los hombres. Yo supe que ella tenía razón.

Ese patrón comenzó cuando mi papá falleció cuando yo tenía quince años. Estábamos muy unidos, y yo me sentí completamente abandonada. Al ver lo poco que sé de los hombres en mi historial familiar, las vidas de mis abuelos son las que más destacan. Mi abuelo por parte de padre murió cuando mi papá era pequeño, y mi abuelo por parte de madre era alcohólico y solía desaparecer durante días. La muerte prematura y el alcoholismo seguían permaneciendo en mi familia.

Aunque Mary Jo y yo estábamos unidas en aquel momento, finalmente perdimos el contacto por varios años cuando los Clouse se trasladaron a otro estado. Después de unos ocho años ellos regresaron a vivir a Orlando. Mientras tanto, yo había atravesado años de confusión en todas las áreas de la vida, pero comencé a establecer mi fundamento en Cristo cuando nuestros caminos volvieron a cruzarse en la congregación Wekiva Assembly of God.

A lo largo de los diez años pasados ella ha sido una amiga muy especial y ha ministrado la Palabra de Dios a mi vida regularmente. Cuando el espíritu de avivamiento cayó en Lakeland, luego en Toronto y luego en Pensacola, nosotros estuvimos en todas las reuniones que podíamos; también hacíamos reuniones de oración en mi casa. La oración se hizo tan intensa una noche que supimos que algo había "nacido en la esfera espiritual". En aquel tiempo, mis tres hijos —dos hijos y una hija— no conocían al Señor.

Comenzó primero con mi hijo menor, quien se había apartado de Dios y había comenzado a tomar drogas y a involucrarse en ese estilo de vida. Un amigo "drogata" suyo, que había regresado al Señor, organizó un encuentro en un restaurante japonés; desde luego, el propósito de aquel encuentro era hablar a mi hijo del Señor. Junto con aquel amigo "drogata", acudió también un pastor de una iglesia local; ¡aquella fue la noche en que mi hijo menor regresó al Señor! El pastor le dijo que en veinticuatro horas debía abandonar el lugar donde vivía porque era parte del estilo de vida de las drogas; en aquel tiempo él vivía con su hermano mayor, mi segundo hijo.

El testimonio de mi hijo menor produjo un impacto en la vida de mi hijo mayor. Unos cuantos meses después mis dos buenas amigas y yo estábamos en una reunión en Melbourne con un ministro que staba de visita desde Inglaterra. Después de la reunión nos detuvimos a comer en un restaurante que había al lado de la carretera, cuando recibí una llamada de teléfono de mi hija, que es la tercera. Sus palabras eran aterradoras: su hermano mayor se había ido "para siempre"; había dejado miles de dólares de dinero de la droga en su casa y estaba huyendo de la policía y de las personas con las que estaba relacionado. Debes tener en mente que yo no tenía idea, o más bien no me permitía a mí misma pensar, que él era traficante de drogas. Aquel día yo no sabía si volvería a verlo de nuevo vivo. Después del temor inicial que sentí, la Palabra de Dios fue pronunciada por una de mis amigas: "La descendencia de los justos será librada" (Proverbios 11:21). De regreso a casa entramos en oración de intercesión, y mi amiga tuvo una visión de una oscura nube, y la oscura nube consumía totalmente la tierra. Después vino del cielo un color rojo brillante que consumió totalmente la oscuridad, como si fuera la sangre misma de Jesús que había vencido a las tinieblas del mundo y había sanado la situación. Entonces vino la Palabra del Señor en Isaías 57:18-19: "He visto sus caminos; pero le sanaré, y le pastorearé, y le daré consuelo a él y a sus enlutados; produciré fruto de labios: Paz, paz al que está lejos y al cercano, dijo Jehová; y lo sanaré".

Yo fui consolada a medida que continuamos nuestro viaje de regreso a Orlando. Cuando llegamos, descubrimos que mi hijo primero había conducido casi hasta la frontera del estado de Georgia y que entonces el Señor le habló, haciéndole regresar a Orlando, a nuestra propia iglesia, donde volvió a dedicar su vida al Señor aquella misma noche. Más tarde él se matriculó en la escuela ministerial Brownsville, y recientemente se graduó. Ahora se está lanzando a la obra de su vida de servir al Señor. ¡Gloria a Dios! Él ha cumplido su Palabra.

En cuanto a mí, a lo largo de estos años de amistad, oración y enseñanza de Mary Jo, las maldiciones generacionales que infestaban a mi familia han sido, y siguen siendo, destruidas. Mis hijos viven para el Señor; mis finanzas destruidas son restauradas, y la paz de Dios y el conocimiento de quién es Él en mi vida ¡es real!

El hijo de Donna relata
su lado de la historia

Al mismo tiempo que mamá y sus amigas estaban intercediendo por mí, yo iba huyendo para salir del estado antes de que la policía, y también los señores de la droga, me alcanzaran. Me dirigía por la carretera interestatal 75 hacia la frontera de Georgia, simplemente intentando sobrevivir, sin ver esperanza alguna para el futuro. Comencé a especular sobre lo que mi hermano pequeño me había estado diciendo sobre el Señor a la vez que el auto seguía rugiendo en la oscuridad. Entonces mi propia voz me sorprendió cuando dije: "Dios, si quieres ayudarme, hazlo" (aunque fue una petición sencilla, Dios la escuchó). Fue entonces cuando llegó la tormenta, y era una buena tormenta. Llovía tan fuerte que yo no podía ver nada ni por delante ni por detrás de mí; de hecho, apenas podía ver para no salirme de la carretera. Sabía que estaba a unos sesenta kilómetros al sur de la frontera del estado, y quería con desesperación salir del estado, pero la tormenta controlaba mis actos. Apenas podía ver, así que me detuve en un motel y le pregunté al recepcionista dónde estaba. "Valdosta", respondió él con frialdad. ¿Cómo podía estar en Valdosta, Georgia? Sigo sin tener una respuesta sobre cómo pude estar allí.

Conseguí una habitación, me di una ducha rápida y me fui a la cama. La Biblia que había en la mesilla estaba abierta en el libro de Salmos 34-35 y comencé a leerla, todo el tiempo llorando como un niño. No había llorado de esa manera desde que era niño, y no comprendía por qué estaba llorando; de hecho, había muchas cosas que yo no comprendía. No comprendía cómo podía estar en Georgia, ya que no creía que había conducido el tiempo suficiente para estar tan al norte. El kilometraje y la distancia no coincidían, pero sí que recuerdo haberle dicho a Dios: "Si quieres ayudarme, hazlo". La única respuesta en que puedo pensar es que Él debió de haberme trasladado. A la mañana siguiente las noticias sobre el

.empo en la televisión hablaban de la "feroz tormenta" que había salido de la nada, sin previo aviso. El hombre del tiempo decía que aquella área no había visto tormenta como esa nunca antes.

A la mañana siguiente me desperté a las diez, y sin ninguna duda estaba en Valdosta, Georgia. Fui a la comisaría de policía para ver si había alguna orden de detención para mí, y no había ninguna. De nuevo no había nada, así que decidí regresar a Orlando. Comencé a conducir por la Interstate cuando una furgoneta me rebasó y pisó los frenos; yo inmediatamente la rodeé, pues reconocía las tácticas de los "drogatas". Oré: "Señor, hazlos desaparecer". Dios me dijo que mirase por el espejo retrovisor para ver lo que Él había hecho y, cuando miré, no había marcas de neumáticos en la hierba, ninguna salida de la autopista, ningún lugar donde pudieran haber ido y, sin embargo, la furgoneta no estaba. ¡Otro milagro!

Aquella noche asistí al servicio de la noche en la iglesia de mi mamá. El pastor estaba de vacaciones esa semana y habló un pastor visitante. El diablo intentó decirme que yo no debería estar allí porque había vendido drogas a los hijos de aquellas personas. Yo no podía comprender al orador, pero su voz me consolaba. Él hizo un llamado y yo pasé al frente, pero no pude llegar hasta él porque algunas señoras de la congregación le habían rodeado. Llegué al altar y comencé a llorar profundamente, a la vez que uno de los pastores asociados me leía Salmos 34-35 y oraba por mí. Eso fue la confirmación de todo para mí. Cuando me levanté, mi semblante había cambiado, y el hombre fuerte fue quebrantado de una vez para siempre. ¡Gloria a Dios!

Unas semanas después estaba de camino a Pensacola, hacia la escuela ministerial Brownsville, de la que me he graduado desde entonces. Dios ha cambiado por completo la dirección de mi vida hasta tal grado que cuando pienso en mi vida pasada, difícilmente puedo creerla.

Para mas información o si desea compartir su testimonio
sobre este libro o invitar a Mary Jo y George Clouse a su iglesia,
puede comunicarse a:

CLOUSE RESTORATION MINISTRIES
Tel. (407) 323-7852